AMORE E STABILITÀ NEL MATRIMONIO

PIERRE ADNÈS - SALVATORE GAROFALO - JEAN BEYER -
URBANO NAVARRETE - WILHELM BERTRAMS - OLÍS
ROBLEDA - GEORGES CRUCHON - CHARLES LEFEBVRE -
IGNACIO GORDON

AMORE E STABILITÀ NEL MATRIMONIO

UNIVERSITA' GREGORIANA EDITRICE
ROMA 1976

PREFAZIONE

Il matrimonio è amore ed è struttura.
Lo ribadisce il Concilio Vat. II: « L'intima comunità di vita e d'amore coniugale, fondata dal Creatore e strutturata con leggi proprie, è stabilita dal patto coniugale vale a dire dall'irrevocabile consenso personale » (Gaudium et spes, *n. 48*).

L'amore, sgorgato dalla fonte della divina carità, fa che i coniugi esperimentino il senso della propria unità e sempre più pienamente la raggiungano, in una apertura gioiosa alla prole, in cui esso trova il suo naturale coronamento (ivi).

La struttura, stabilita dal Creatore nelle sue leggi fondamentali, dà ai coniugi la garanzia che la mutua donazione sarà stabile, sottratta ai mutevoli cambiamenti del sentimento e alle imprevedibili vicissitudini della vita: « E' dall'atto umano — ribadisce ancora il Concilio — col quale i coniugi mutuamente si danno e si ricevono che nasce, anche davanti alla società, l'istituto del matrimonio che ha stabilità per ordinamento divino; questo vincolo sacro in vista del bene sia dei coniugi e della prole che della società, non dipende dall'arbitrio dell'uomo » (ivi).

Nel matrimonio cristiano, l'amore e la struttura sono sacramento, *« immagine e partecipazione del patto d'amore del Cristo e della Chiesa », e ottengono una peculiare ricchezza e stabilità (ivi).*

Amore, struttura, sacramento sono i punti focali che danno unità e senso progressivo ai saggi di questo volume.

Pierre Adnès, s. j.
Professore di Teologia sacramentaria

MATRIMONIO E MISTERO TRINITARIO

Non siamo abituati a considerare il matrimonio in relazione al mistero della Santa Trinità. Tuttavia questo non è un tema ignorato dalla teologia. Se fosse soltanto un tema speculativo, non ci soffermeremmo su di esso in questa sede; ma esso è ricco di insegnamenti pratici per la coppia, la famiglia e il focolare cristiano.

I. - *Immagine di Dio e coppia umana*

« Dio creò l'uomo a sua immagine; lo creò a immagine di Dio: lo creò maschio e femmina », dice il libro del Genesi (1, 27). L'uomo e la donna sono l'immagine di Dio, individualmente e distintamente considerati, oppure la stessa immagine di Dio è costituita dall'uomo e dalla donna presi insieme nella loro reciproca unione? Il testo sacro è tanto più enigmatico in quanto al versetto precedente vediamo Dio dichiarare: « Facciamo l'uomo a nostra immagine, secondo la nostra somiglianza ». Che cosa significa questo plurale divino?

E' forse nota la tesi che Karl Barth espone nel volume della sua *Dommatica* dedicato alla dottrina della creazione. Per il teologo protestante è la stessa coppia umana ad essere immagine di Dio, non certo in quanto capace di procreare — poiché divide questa condizione materiale con gli animali — ma in quanto rappresenta la forma fondamentale del rapporto dialogale da persona a persona. L'uomo e la donna sono infatti, in seno all'esistenza umana, nel rapporto di un *Io* con un *Tu*. Ora Dio, se è uno e unico, non è certo solitario. E' pluralità di persone, Trinità. « La caratteristica dell'essenza di Dio — che consiste nell'essere un *Io* e un *Tu* — e la caratteristica dell'essere umano — che consiste nell'essere uomo e donna — corrispondono esattamente », spiega Barth. Si può quindi parlare, al riguardo, di analogia. La coppia umana riflette e imita il rapporto dell'*Io* e del *Tu* che costituisce l'essere divino. Il plurale che l'autore ispirato del racconto genesiaco pone sulla bocca di Dio al momento in cui questi sta per creare la specie umana — plurale di cui gli esegeti moderni dànno diverse spiegazioni — si comprende, in realtà, solo alla luce della dottrina cristiana del Dio-

---
[1] *Kirchliche Dogmatik*, III/1, § 41, 2.

Trinità. Si noterà d'altronde che Barth si astiene dall'attribuire all'uomo e alla donna un simbolismo particolare in funzione di questa o di quell'altra persona divina, ad esempio il Verbo e lo Spirito Santo. E' unicamente la relazione personale nella distinzione, propria della Trinità, che egli crede di ritrovare nell'unità della coppia umana, che sarebbe di conseguenza l'immagine stessa di Dio.

Ma Karl Barth non è stato il primo a proporre una interpretazione trinitaria della creazione dell'uomo e della donna. Mathias Joseph Scheeben, che è certamente uno dei più insigni teologi cattolici del secolo scorso, vedeva anch'egli nelle parole « a *nostra* immagine » (Genesi 1, 26) perlomeno un'allusione velata alla pluralità delle persone in Dio. Sarebbe stata questa pluralità a servire come modello ed esemplare all'azione creatrice di Dio. La dottrina di Scheeben è tuttavia più complessa di quella di Barth. Essa distingue nell'essere umano una duplice forma di somiglianza. La prima — spesso posta in risalto dalla teologia occidentale da sant'Agostino in poi — si deve cercare nell'anima individuale e nella triplicità delle sue facoltà superiori: memoria, intelletto e volontà. Si ha qui come un riflesso dell'Unità e della Trinità del Dio creatore. Questa analogia, che può essere detta « psicologica », mostra il carattere altamente spirituale e immanente delle processioni trinitarie in seno a Dio; tuttavia non fa scoprire il carattere veramente personale di tali processioni. La seconda somiglianza, che non si oppone certo alla precedente, ma viene a completarla, consiste nell'esistenza della triade creata che sono l'uomo, la donna e il figlio. E' un'analogia di tipo « sociale », che rivela, in maniera visibile e sorprendente, l'intima fecondità e la comunione delle persone che il mistero della Trinità suppone in Dio.[2]

Scheeben va tuttavia oltre. Egli ritiene che si possa trovare già una immagine trinitaria nella prima coppia umana così come è uscita dalle mani di Dio, e di conseguenza in qualsiasi coppia umana, anche astraendo dalla presenza del figlio. Si legge infatti nel secondo racconto della creazione (Gen. 2, 21-22), che Dio trasse Eva dal costato di Adamo, dopo aver formato quest'ultimo direttamente dalla polvere della terra. La creazione immediata di Adamo starebbe a simboleggiare la generazione eterna del Verbo, mentre la processione dello Spirito Santo che — almeno secondo la teologia dei Padri greci — proviene dal Padre attraverso il Verbo, sarebbe simboleggiata dalla creazione mediata di Eva. La produzione della donna mediante l'uomo ha avuto luogo una sola volta, nel giardino

---

[2] *Handbuch der Katholischen Dogmatik*, III, § 148, nn. 368-374.

dell'Eden. Ma questo fatto, eminentemente simbolico, esprime idealmente il rapporto di natura che esiste tra l'uomo e la donna. La donna rappresenta lo Spirito Santo, al quale la tradizione attribuisce dolcezza e amore, mentre l'uomo raffigura il Verbo, forza e sapienza di Dio [3]. Tutta la teologia di Scheeben riguardo alla donna sarà basata sull'idea che quest'ultima è l'immagine creata dello Spirito Santo [4].

II. - *Mistero dell'Incarnazione e immagine trinitaria della coppia*

I punti di vista di Scheeben e di Barth non sono privi di seduzione, ma si muove spesso loro il rimprovero di mancare di fondamento a livello scritturistico. Essi dedicano ai versetti del libro del Genesi considerazioni teologiche che una esegesi scientifica, rispettosa del significato oggettivo dei testi, non si ritiene in diritto di scoprirvi.

Significativo a questo riguardo è il mutato atteggiamento di un teologo della fama di Herbert Doms. Un tempo, in un libro molto noto, egli aveva sostenuto calorosamente la teoria di Scheeben la cui grande importanza — diceva — deriva dal fatto che essa conferisce al rapporto coniugale dell'uomo e della donna « il suo significato più profondo nell'ordine spirituale-personale, come il più perfetto riflesso naturale e come imitazione delle processioni divine » [5]. Ma in un lavoro più recente Doms abbandona risolutamente questi « tentativi speculativi » che cercano nella coppia umana un'analogia con la Trinità e si lascia trasportare, del resto con simpatia, a una lunga confutazione della interpretazione di Karl Barth. Attualmente, non è più nel mistero della Trinità che Doms ravvisa la ragion d'essere della dualità dei sessi, ma in quello dell'Incarnazione, e più precisamente nella relazione nuziale Cristo-Chiesa, così come la propone l'epistola di San Paolo agli Efesini 5, 21-33. Questa sublime unione non costituisce soltanto il modello che gli sposi devono sforzarsi di imitare nel loro comportamento reciproco; essa è, ancor più profondamente, l'esemplare secondo il quale Dio ha creato l'uomo e la donna. E poiché l'essere umano è il termine e il vertice di una lunga evoluzione cosmica e biologica,

---

[3] *Ibidem*, n. 375.

[4] M. VALKOVIĆ, *L'uomo, la donna e il matrimonio nella teologia di M. J. Scheeben*, Analecta Gregoriana 152, Roma, 1965, cap. II: Teologia della donna.

[5] *Du sens et de la fin du mariage*, trad. fr. revue et augmentée par l'auteur, 2ᵉ éd., Paris, 1937, p. 30.

sembra quindi ammissibile che nella dualità dei sessi, orientata verso l'unione di un maschio e di una femmina, si trovi, anche nel mondo degli organismi inferiori all'uomo, un debole riflesso del mistero di Cristo e della sua Chiesa [6].

Doms non ha certamente torto di ritenere che solo alla luce del Nuovo Testamento possiamo scoprire il perché della creazione della coppia umana. Nelle parole del libro del Genesi, secondo cui « l'uomo abbandonerà il padre e la madre e si unirà a sua moglie e i due saranno una sola carne » (2, 24), san Paolo scopre « un grande mistero », cioè un simbolismo nascosto di alta portata (Eph. 5, 32). L'unione di Cristo e della Chiesa costituisce infatti il fulcro del disegno d'amore e di salvezza al quale tutto è ordinato, almeno nell'economia in cui viviamo. Non è già l'unione di Cristo con la Chiesa che dipende dalla creazione della coppia umana e dalla sua unione matrimoniale, ma è la relazione uomo-donna nel matrimonio che si riferisce — a mo' di anticipazione figurativa prima dell'avvento di Cristo e a mo' di rappresentazione attualizzante poi — a questa unione di Cristo e della sua Chiesa. La relazione coniugale uomo-donna ha nell'unione Cristo-Chiesa il proprio archetipo concreto e vivo, la suprema ragione della propria esistenza. La coppia umana è stata creata in realtà da Dio a immagine di Cristo e della Chiesa: è quanto sembra suggerirci san Paolo, ed è probabilmente quanto si può ricavare direttamente dalla Scrittura e dalla rivelazione riguardo alla coppia umana [7].

Ma non è certo vietato di approfondire questa verità e di portarne lontano le conseguenze, pur sapendo, d'altronde, che entriamo qui in un campo che non deriva più dall'insegnamento immediato ed esplicito della Scrittura, ma dalla riflessione teologica, basata su dati dommatici certi. Ora — come fa giustamente notare un esegeta moderno — la funzione propria del mistero di Cristo e della Chiesa è appunto quella di introdurre gli uomini fino al seno del mistero trinitario [8]. Noi conosciamo il mistero trinitario soltanto grazie al mistero dell'Incarnazione. Che cosa è Cristo se non il Verbo incarnato, seconda persona della Trinità, che ha sposato l'umanità facendosi uomo? E che cosa è la Chiesa se non il Corpo mistico che Cristo resuscitato ha unito a se stesso inviando lo Spirito Santo, terza

---

[6] *Sessualità e matrimonio*, in *Mysterium salutis*, parte II, 2, vol. 4, Brescia, 1970, pp. 419-424 e 447.

[7] Vedere su questo argomento le interessanti osservazioni di A.-M. HENRY, *Le mystère de l'homme et de la femme*, in *La vie spirituelle*, t. 80, 1949, pp. 463-467.

[8] P. GRELOT, *Le couple humain dans l'Ecriture*, Paris, 1969, p. 99.

persona della Trinità? Lo Spirito Santo — si dice — è come l'anima della Chiesa. Lo Spirito e la Sposa, che è la Chiesa, sono intimamente messi in rapporto, fino a un certo punto identificati dall'Apocalisse (22, 17). L'esemplarità contenuta nel mistero di Cristo e della Chiesa ci rimanda quindi a una esemplarità ancora più elevata; essa serve come di *relais* alla contemplazione del mistero trinitario, in cui il Verbo e lo Spirito Santo procedono dal Padre in una intima unione, anche se in modo diverso. Ma se nella coppia umana l'uomo rappresenta Cristo e la donna simboleggia la Chiesa, non si deve forse concludere che vi è in questa coppia, fin dalla sua creazione, come un riflesso dell'unione, nell'unica essenza divina, del Verbo e dello Spirito Santo?

Possiamo allora ritornare ai versetti del Genesi che ci mostrano l'essere umano creato a immagine di Dio, e rileggerli in una prospettiva cristiana, senza timore di sbagliarci. Certo, l'autore del VI secolo a. C. che ha stilato quel documento non pensava alla Trinità allorché attribuiva a Dio le parole « facciamo l'uomo a nostra immagine », e probabilmente non è la coppia stessa che egli considera come creata a immagine di Dio, ma l'Uomo in generale, il quale è concretamente di sesso maschile e femminile. Gli esegeti che si chinano con sapienza su quel testo, fanno tuttavia qualche fatica a dirci ciò che il vecchio autore avesse in mente. Si tratta di un plurale maiestatico o di un plurale che starebbe ad indicare una deliberazione presa da Dio insieme con la corte celeste? L'uomo è immagine di Dio perché ha una posizione verticale che lo differenzia dagli animali, o perché riceve dal creatore una delega di potere che si traduce nel dominio sulle fiere e sul mondo — come suggeriscono il versetto 26 e il salmo 8 — o ancora perché, dotato di un'anima spirituale e immortale, era destinato a partecipare all'incorruttibilità di Dio, come insegna il libro della Sapienza (2, 23)? ... Se sono possibili tante interpretazioni, non è certamente a caso. Spesso vi è in un testo biblico più di quanto lo scrittore ispirato volesse coscientemente mettervi: il che ha consentito, nel corso dei secoli, certe « riletture » man mano che progrediva la rivelazione. Di tali « riletture » sono testimonianza gli stessi libri sacri o la versione greca dei Settanta. La nostra « rilettura » cristiana del testo genesiaco, che lo interpreta retrospettivamente alla luce del mistero della Trinità, lungi dall'essere contraddittoria, è aderente al contesto. Un esegeta come A. Feuillet — il quale ritiene del resto che « sono l'uomo e la donna presi insieme a costituire l'immagine completa di Dio » — fa notare che, nel racconto sacerdotale di Genesi I, Dio ha creato l'universo contemporaneamente mediante la Sua Parola e il Suo Spirito, che corrispondono a due aspetti distinti della stessa azione divina. Ed aggiunge: « Si ha il presentimento, anche se non è detto chiaramente, che l'uomo il quale dà un nome agli esseri dell'universo, se li sottomette e li organizza, è maggiormente un riflesso del Logos divino, mentre la donna che dà la vita e partecipa così intimamente al mistero dell'origine e della crescita della vita, è più vicina allo Spirito, principio di vita » [9].

III. - *La coppia feconda, immagine della fecondità del Dio tripersonale*

E' chiaro che la coppia umana ci offre un'immagine ancora incompleta della Trinità. La diade uomo-donna non può pretendere di rappresentare da sola il Dio Trino. Ma una volta costituita, la coppia umana sfocia normalmente in quella « terza dimensione », che è il Figlio. L'unione coniugale è fatta per espandersi in comunità familiare. E' quanto sottolinea espressamente il testo del Genesi: esso dichiara infatti che, dopo aver creato l'uomo « maschio e femmina », Dio benedisse immediatamente la prima coppia e disse: « Siate fecondi, moltiplicatevi e riempite la terra » (1, 28).

Continuando la nostra « rilettura » cristiana di quell'antico documento pieno di simbolismo, diremo che la coppia creata ad immagine di Dio è realmente una **coppia feconda**. E la sua fecondità è ad immagine di quella fecondità divina, non soltanto accessoria e quasi esteriore, manifestata dalla creazione, ma essenziale, interiore, che non è qualcosa in Dio, ma è Dio stesso. La coppia feconda, ad immagine di Dio, non rappresenta altro che l'intima fecondità trinitaria [10].

Il libro del Genesi enumera d'altronde più avanti la posterità della prima coppia, « che generò un figlio a sua somiglianza, secondo la sua immagine, e gli diede il nome di Seth » (5, 1-3). Questi sarà l'antenato della schiatta che porta fino a Noè.

L'uomo e la donna dovevano, secondo il disegno creatore di Dio, unirsi l'uno all'altro per formare una sola carne, un solo essere vivente. Ora — osserva molto giustamente uno studioso — « volendo essere ambedue uno solo, Adamo ed Eva si ritrovarono in tre ». La congiunzione della prima coppia, come del resto di

---

[9] *Jésus et sa mère*, Paris, 1974, pp. 202, 208.
[10] E. DEVAUX, *Genèse de l'amour*, in *Témoignages* (Cahiers de la Pierre-Qui-Vire), N. 3, 1953, pp. 406-413, parzialmente riprodotto in *L'anneau d'or*, N. 51-52, 1953, pp. 215-217, sotto il titolo: *La famille est à l'image de la Trinité*.

qualunque coppia umana, è un'immagine dell'unità d'amore che unisce la prima e la seconda persona della Trinità, il Padre e il Verbo, e che, lungi dal rinchiuderli in un egoismo a due, li rende, al contrario, insieme principio di una terza persona, lo Spirito Santo, simile ad essi, che viene a sigillare e a coronare la loro unione [11].

Senza dubbio l'immagine è assolutamente incapace di imitare, sotto tutti gli aspetti, il suo archetipo divino. Ciò non toglie che, se si vuol trovare per la coppia umana un modello supremo di cui essa debba riprodurre analogicamente le caratteristiche, è proprio fino alla vita intima del Dio tri-personale che si deve risalire [12].

IV. - *Trinità e amore*

I teologi nel corso dei secoli si sono sforzati di descrivere questa vita intra-divina, alla quale abbiamo fatto cenno, per darcene qualche idea. Ma forse nessuno ha sottolineato più chiaramente di Riccardo di San Vittore lo stretto rapporto esistente fra amore di carità — poiché qui si tratta appunto di questo amore — e pluralità delle persone in Dio. Per Riccardo, la carità è il valore assoluto. «Dio è amore», come dice la I Lettera di san Giovanni (4, 16). In Dio vi è pienezza suprema di carità e di amore. Ora, l'amore di carità è dono e generosità. Non può ripiegare su se stesso, ed esige un «altro» a cui comunicarsi. Per questo, Dio è insieme Padre e Figlio. Ma la carità, quando è perfetta come lo è in Dio, non può limitarsi a un puro dialogo; essa ha bisogno di comunicare il gaudio che si prova nell'amore reciproco. La carità che le due prime persone hanno l'una per l'altra richiede quindi una terza persona alla quale venga comunicato il gaudio che ciascuna di esse prova in quell'amore reciproco. Questa comunicazione della gioia di amare e di essere amati è d'altronde, per ciascuna delle persone e per entrambe, un completamento del loro gaudio. L'amore delle due prime persone, suscitando la terza, conferisce all'amore il suo pieno valore e la sua suprema unità. E' così che Dio è anche Spirito Santo. L'amore pone in Dio le persone. E poichè la carità è essenzialmente comunicazione, la Trinità è una comunità d'amore che si effonde nell'inviolabile e totale concordia [13]. Riccardo è un uomo del XII secolo. Ma la sua

---

[11] Ch. Massabki, *Le Christ rencontre de deux amours*, Paris, 1958, p. 105.

[12] P. Grelot, *op. cit.*, p. 99.

[13] *La Trinité*, coll. Sources chrétiennes 63, Paris, 1959, tutto il libro III, con il commento di G. Salet, pp. 29-31, e 192, nota 2.

concezione inter-soggettiva del mistero della Trinità è del tutto moderna, e si comprende facilmente quanto possa illuminare dall'alto la realtà umana della famiglia.

Più classica e più comunemente accettata è la teoria di san Tommaso, che può ugualmente attribuirsi a sant'Agostino. Essa prende come punto di partenza della sua riflessione trinitaria l'essere spirituale che conosce e ama se stesso. Qui Dio non è più fondamentalmente amore, bensì spirito, nel senso di natura dotata di intelletto e di volontà. L'amore rimane tuttavia un dato essenziale di questa visione della Trinità. Il Padre, principio senza principio, che possiede la totalità della natura divina, conoscendo e comprendendo se stesso esprime una immagine perfetta di sé, che è il Figlio. Questi procede dunque dal Padre per via di generazione intellettuale. Appunto per ciò viene chiamato Verbo. Ma mentre il nostro verbo mentale è soltanto una perfezione accidentale del nostro intelletto dal quale differisce per natura e con il quale ha soltanto una relazione rappresentativa, il Verbo di Dio è della stessa essenza dell'intelletto che lo proferisce. E' Dio per natura, come il Padre, uno con lui e distinto solo per la sua relazione d'origine. Lo Spirito Santo, invece, procede insieme dal Padre e dal Figlio per una operazione della volontà, facoltà spirituale dell'amore: è il frutto del loro comune atto di amare e il termine immanente del loro reciproco amore; è l'Amore sussistente che unisce le due prime persone. « Lo Spirito Santo è il legame del Padre e del Figlio in quanto è Amore », dice san Tommaso. « Sì, esso è tra le altre due persone come il legame che le unisce, pur procedendo da ciascuna di esse »[14]. Chi non vede l'analogia che si può scoprire tra lo Spirito Santo e un figlio? Questi è anche il frutto naturale dell'atto di amore degli sposi, il termine sussistente del loro amore; è il legame che li unisce in quanto genitori, una terza persona in cui le prime due contemplano e riconoscono il segno vivente della loro unità.

V. - *Amore coniugale e amore trinitario*

E' tuttavia bene sapere che san Tommaso fa allusione all'analogia familiare solo per scartarla quando si tratta della Trinità. La nozione di famiglia sembra avere per lui un'origine troppo materiale perché la si possa applicare alle persone divine, la cui

---

[14] *Summa theologica,* I^a, q. 37, a. 1, ad 3um.

processione è puramente spirituale [15]. E certi teologi restano oggi ancora molto esitanti quando si parla di somiglianze analogiche tra matrimonio, famiglia e comunità trinitaria. Potranno anche ammettere che sia possibile qualche accostamento. La paternità umana è una lontana imitazione di quella di Dio, il Padre, « da cui trae il proprio nome qualunque paternità in cielo e in terra » (Eph. 3, 14). La filiazione umana ci dà qualche idea della processione del Verbo. Il matrimonio suppone tra gli sposi un amore spirituale d'amicizia, che somiglia in qualche modo alla reciproca dilezione che unisce il Padre e il Verbo nello Spirito Santo. Ma l'amore coniugale, in quanto propriamente coniugale, cioè in quanto amore di due persone di diverso sesso, di cui ciascuna è principio parziale e incompleto di generazione, non trova — diranno quei teologi — alcuna analogia nella vita trinitaria [16].

Qui vi è forse un malinteso. Non si tratta di stabilire tra la famiglia umana e la Trinità un parallelismo che corrisponda in tutti i punti. Analogia significa esattamente una cosa ben diversa dalla comparazione univoca, e l'immagine non deve copiare servilmente il modello. Come lo potrebbe del resto, quando il modello è di ordine trascendente? « Tra creatura e Creatore non si può osservare una somiglianza senza dover osservare una dissomiglianza anche maggiore », dichiara il IV concilio Laterano (D.-S. 806). L'unione tra il Padre e il Verbo non può essere materialmente assimilata a quella dell'uomo e della donna, né la processione dello Spirito Santo paragonata alla generazione fisica di un figlio: questo è evidente. Se vi è distinzione di persone in Dio, non vi è nulla di equivalente alla differenziazione sessuale presa nel suo significato corporeo. Nella rivelazione biblica Dio non è sessuato. Proprio in ciò consiste la sua enorme differenza nei confronti di tutte le religioni mitiche [17]. Ma l'amore coniugale, anche in quanto coniugale, non è soltanto fisico: è inscindibilmente fisico e spirituale. Non è semplicemente amore di due sensibilità: è l'amore di due volontà, di due anime. Quanto al figlio che procede da questo amore, esso non è unicamente un essere di carne, ma un essere di natura spirituale, uno spirito incarnato. L'aspetto fisico e sensibile dell'amore coniugale non ha certamente un analogo in Dio. Ma se l'amicizia è il bene umano per eccellenza, e se l'amicizia

---

[15] *Ibidem*, Iª, q. 36, a. 3, ad 1um.
[16] E. BOISSARD, *Questions théologiques sur le mariage*, Paris, 1948, pp. 39-40.
[17] E' quanto fa notare P. GRELOT, *op. cit.*, pp. 24-27.

coniugale è la forma più perfetta dell'amicizia umana — come ci insegna lo stesso san Tommaso — « come non concludere che l'amore coniugale e il suo frutto, il figlio — frutto eminentemente spirituale e non soltanto materiale — è la rappresentazione più perfetta e più pienamente umana, nell'ordine naturale, del mistero della SS.ma Trinità »? [18].

D'altra parte, è una legge metafisica che tutto quanto esiste al di fuori di Dio, e ha un valore positivo, deve necessariamente essere a somiglianza dell'esemplare divino. Nella più piccola delle creature è impressa almeno qualche impronta del Creatore. Se non è ad immagine — e a perfetta immagine — della famiglia costituita da Dio stesso nell'unità della sua natura e nella Trinità delle sue persone che è stata creata la comunità familiare umana, quale altra società è potuta servire di modello alla sua creazione? [19].

Può esservi, a dire il vero, qualcosa che urti la sensibilità religiosa e arrechi un certo disagio in questo modo di concepire il rapporto di esemplarità esistente fra la Trinità e la famiglia umana. La donna sembra simboleggiare qui il Verbo, e il figlio lo Spirito Santo. Ora, noi non siamo affatto inclini a rappresentarci il Verbo sotto l'aspetto di una donna, né lo Spirito Santo sotto quello di un figlio. La figura femminile della Sapienza appare senza dubbio nell'Antico Testamento come un'anticipazione profetica della rivelazione neo-testamentaria del Verbo. Ma il vero figlio nella Trinità non è forse la seconda persona, il Figlio di Dio per natura, che si è fatto anche Figlio dell'uomo per fare di noi in cambio dei figli di Dio per adozione?

In realtà non sono le persone come tali che si debbono prendere in considerazione, paragonando in maniera statica un soggetto con l'altro, ma il loro comportamento personale e interpersonale. Si è invitati ad afferrare e a contemplare una somiglianza dinamica di struttura tra la vita tri-personale di Dio e l'ordinamento interno da cui scaturisce la famiglia umana. In Dio, due persone distinte costituiscono in un atto di amore reciproco il principio unico e la fonte della produzione di una terza persona, che è lo splendore amoroso della loro unione. Similmente, è dal reciproco amore degli sposi che procede, come da un unico principio e da un unico atto, il figlio la cui presenza viene a sigillare l'unità della coppia.

---

[18] B. DE MARGERIE, *La Trinité chrétienne dans l'histoire*, Paris, 1975, p. 374 (« L'intersubjectivité et l'amitié familiales, première analogie révélée de la Trinité »).

[19] S. GIULIANI, *La famiglia è l'immagine della Trinità?*, in *Angelicum*, t. 38, 1961, pp. 292-293.

Quest'ultima si espande così in famiglia, ad immagine della fecondità di amore per la quale Dio è insieme uno e trino. Si tratta di una analogia puramente funzionale del mistero della Trinità [20].

VI. - *Il cuore del focolare*

L'analogia che abbiamo ora esposta non è tuttavia la sola possibile. Una tradizione cristiana molto antica, forse più antica di quella, ha ritenuto di scoprire nella famiglia umana un'immagine della Trinità, che si presenta in un modo abbastanza diverso. Qui, Adamo ovvero l'uomo corrisponde sempre al Padre, ma è Seth ovvero il figlio che raffigura il Figlio, mentre Eva ovvero la donna simboleggia lo Spirito Santo.

Ritroviamo quest'analogia trinitaria in parecchi Padri della Chiesa orientale. Ricordiamo san Metodio d'Olimpo, sant'Efrem Siro, san Gregorio Nazianzeno. Ma il suo uso risale al di là del IV secolo. Se ne possono scoprire le vestigia nella teologia gnostica e giudaico-cristiana, come ha mostrato il Padre A. Orbe [21]. Ed essa resterà familiare al pensiero greco anche oltre il periodo patristico.

Per parecchi secoli non si conoscerà, in rapporto alla famiglia, altra analogia trinitaria. Sotto questo aspetto l'immagine familiare della Trinità non riuscirà tuttavia ad acclimatarsi in Occidente. Ciò sarà dovuto soprattutto all'influsso di sant'Agostino, il quale la respinge poiché non gli sembra conforme a quanto sappiamo circa le relazioni di origine tra le persone divine. Essa potrebbe far credere — e sarebbe assurdo — che si consideri lo Spirito Santo come madre del Figlio e sposa del Padre! Per sant'Agostino,

---

[20] M. ORAISON, *Le mystère de la sexualité*, Paris, 1966, pp. 132-135, si chiede perché non sarebbe opportuno trovare un'analogia — nel senso tecnico della parola — tra la struttura sessuata del mondo umano e il mistero trinitario, quando, da una parte, Dio si rivela come Uno e Trino, e quando, d'altra parte, « la sessualità appare, alla luce della psicologia moderna, come l'universo relazionale che non matura in modo soddisfacente se non in un ritmo a tre dimensioni ». A. JEANNIÈRE, *Anthropologie sexuelle*, 2e éd., Paris, 1969, pp. 154-155, si rammarica, da parte sua, che i teologi parlino troppo di rado della « sessualità come immagine di Dio, immagine di Dio Trinità in cui le persone sono definite unicamente dalla loro realtà relazionale ».

[21] *La procesión del Espíritu Santo y el origen de Eva*, in *Gregorianum*, t. 45, 1964, pp. 103-118, in cui si potranno trovare i riferimenti patristici necessari. — L'evoluzione storica dell'analogia della famiglia come simbolo della Trinità è stata studiata in modo molto approfondito da L. GENDRON, *Mystère de la Trinité et symbolique familiale. Approche historique*, Diss. P.U.G., Roma, 1975.

solo l'anima umana è l'immagine spirituale della Trinità; ed è d'altronde l'immagine di tutta la Trinità, non unicamente in una sola persona. Sant'Agostino non ammette alcuna immagine propriamente familiare della Trinità [22].

Ci si può tuttavia chiedere se l'analogia respinta da sant'Agostino meriti veramente di essere esclusa. Senza dubbio, essa non ci dà una rappresentazione soddisfacente delle relazioni che si annodano funzionalmente in seno alla Trinità. Se si cercasse di spingerla troppo oltre, rischierebbe inevitabilmente di deviarci, dandoci di quelle relazioni un'idea completamente errata. Ma essa corrisponde forse maggiormente al concetto che ci facciamo spontaneamente dell'essenza delle persone divine considerate in se stesse e secondo le loro proprietà. Il Figlio in modo particolare vi resta figlio: e non è cosa di poco conto. In tal modo essa è più facilmente accessibile. Meno speculativa, non sarebbe essa anche più in armonia con il dato biblico?

In ogni caso, è uno dei lati originali — e non di minor conto — di M. J. Scheeben quello di aver cercato di rimettere in onore quella immagine [23]. Non entreremo nei particolari della sua dimostrazione, che è discutibile e non convince del tutto, ma contiene certamente una parte di verità. Dal canto nostro, diremo semplicemente questo. Il figlio è sicuramente il legame oggettivo che sigilla l'unione degli sposi, l'espressione concreta del loro reciproco amore. E' l'esistenza del figlio che fa dell'uomo e della donna un padre e una madre. Se ci si pone tuttavia da un altro punto di vista, si constaterà che ciò che costituisce nella famiglia, nell'intimo del focolare, il legame vivente tra il padre e il figlio, è la presenza di una terza persona, che è insieme madre e sposa, ma fondamentalmente donna. Ora la donna è il simbolo eterno e universale dell'amore nella sua più alta espressione: tenerezza e dolcezza. Come potrebbe non essere anche il simbolo di quella terza persona della Trinità che è l'Amore sussistente e che unisce il Padre e il Figlio? Evidentemente, lo Spirito Santo non è in seno alla Trinità né sposa né madre. Ma anche in questo caso si tratta di un'analogia, che comporta somiglianza e dissomiglianza. E quale analogia della Trinità non è difettosa? Proprio in quanto nel focolare la donna è l'incarnazione dell'amore, il cuore palpitante e irradiante della comunità familiare, la si può considerare giusta-

---

[22] *De Trinitate*, XII, 5-6 (5-8), PL 42, 1000-1003.
[23] *Die Mysterien des Christentums*, Erster Anhang zum zweiten Hauptstück.

mente, a nostro avviso, come una immagine dello Spirito Santo, amorosa unità spirituale del Padre e del Figlio [24].

VII. - *Immagine naturale e immagine soprannaturale*

Nel corso di queste pagine abbiamo trovato almeno tre immagini della Trinità: la coppia umana in quanto raffigura il Verbo e lo Spirito di Dio; la coppia divenuta feconda in quanto simboleggia la processione dello Spirito Santo dal Padre e dal Verbo; infine il focolare familiare, il cui cuore è la donna con il suo primato d'amore, la quale rappresenta lo Spirito Santo che unisce tra loro il Padre e il Figlio. Si potrà obiettare che queste immagini non possono essere vere tutte insieme. Si dovrà dunque scegliere? Lo si potrebbe fare se una particolare immagine creata fosse da sola capace di rappresentare e di esprimere completamente l'originale divino. Ma qualunque immagine, per quanto perfetta, ne sarà pur sempre una riproduzione sbiadita e frammentaria. L'esemplare divino proietta — così come la luce che si scompone attraverso un prisma — una molteplicità di riflessi creati il cui colore e il cui disegno variano all'infinito. La vita coniugale e familiare rivela qualcosa del mistero della vita trinitaria, ma solo attraverso una serie di figure successive. Lungi dall'essere contraddittorie, queste figure si completano e si correggono per farci intendere l'incommensurabile ricchezza dell'Archetipo supremo, che racchiude in sé quegli aspetti diversi e li fonde in una sublime unità, di cui ci sfuggono le regole. La scelta esclusiva di una analogia rischierebbe di farci credere che abbiamo finalmente compreso il mistero. Sarebbe la fine della trascendenza divina.

E' opportuno tuttavia distinguere l'immagine di Dio nell'ordine naturale e nell'ordine soprannaturale. Tra i non battezzati

---

[24] L. BOUYER, *Le Trône de la Sagesse*, 2e éd., Paris, 1961, p. 270, ritiene che lo Spirito appare, nella tradizione biblica, « non come una persona femminile, per dirla esattamente, ma come la persona che ci manifesta ciò che può corrispondere in Dio, nell'increato, a quella realtà essenzialmente creata che è l'essere femminile ». Secondo A. MANARANCHE, *L'Esprit et la Femme*, Paris, 1974, pp. 61-72, lo Spirito verrebbe spesso descritto dalla Scrittura « con tratti materni », il che mostra che non solo l'analogia del maschile ha un significato quando si parla di Dio, ma anche l'analogia del femminile. G. H. TAVARD, *Woman in Christian Tradition*, Notre Dame, Indiana, 1973, pp. 198-200, pur riconoscendo che esistono certe affinità tra la donna e lo Spirito, mette tuttavia in guardia contro una assimilazione semplicistica e impropria, che tenderebbe ad imporre alla donna un modello di comportamento prefabbricato.

l'unione coniugale e familiare ha con la Trinità solo un rapporto di esemplarità fiacco e quasi esteriore. Tale rapporto si stabilisce attraverso l'azione creatrice di Dio, che è comune alle Tre persone divine. Queste agiscono al di fuori, non come distinte, ma come consostanziali, cioè come dotate di un'unica e stessa natura. Hanno quindi una stessa ed unica operazione. Non vi è nulla da stupire se tale operazione, che procede da tutta la Trinità insieme, lascia nelle cose create una impronta trinitaria, che si riscontra ai diversi livelli della creazione a mo' di vestigia o di immagini, ma risplende in modo incomparabile nella comunità formata dalla coppia e dalla famiglia, perché questa comunità riflette ciò che vi è di più trinitario nella Trinità: la vita d'amore che unisce le Persone divine.

Il matrimonio tra battezzati ha una perfezione anche maggiore. Esso riceve tale aumento di perfezione perché è stato elevato alla dignità di sacramento. In quanto sacramento, infatti, il matrimonio cristiano non è soltanto — come è noto — un segno che rappresenta il mistero dell'unione di Cristo e della Chiesa, ma è il simbolo vivente che partecipa davvero alla natura propria della realtà sacra che esso significa, la contiene, la manifesta visibilmente e la irradia. Ora Cristo, a motivo della sua divinità, è continuamente unito alla Trinità. Dove c'è Cristo, Verbo incarnato, ivi sono anche sempre il Padre e lo Spirito Santo. La Trinità è presente interiormente all'unione del Cristo con la Chiesa. Questa unione, che è un mistero di grazia e di carità, è partecipazione immediata alla vita soprannaturale della Trinità. Il matrimonio-sacramento, che partecipa alla natura propria dell'unione di Cristo e della Chiesa, partecipa quindi per ciò stesso alla vita trinitaria. Non è soltanto una immagine spirituale della Trinità, come ogni matrimonio umano, ma in esso la Trinità vive in un modo reale e misterioso che solo la fede permette di cogliere. Il modello non rimane più esteriore alla sua immagine: è divenuto interiormente presente in essa.

Ogni uomo senza dubbio viene introdotto, con i sacramenti del battesimo, della cresima e dell'eucarestia, nell'intimità della vita trinitaria. E' per renderci figli adottivi di Dio che il Figlio di Dio per natura si è fatto uomo. Ma qui sono la coppia e la famiglia come tali che si trovano, per così dire, incorporati, mediante la consacrazione sacramentale del matrimonio, alla vita della Trinità. Non è vietato pensare che le persone della famiglia acquistano rispettivamente, secondo il loro carattere e la loro funzione, un rapporto nuovo e tutto speciale con le persone della Trinità, rapporto che viene a perfezionare e completare soprannaturalmente l'immagine trinitaria che ogni focolare umano porta in sé. Questo rapporto conferisce a ciascuna persona una pienezza di simbolismo e delle possibilità di grazie specifiche [25].

VIII. - *La vita trinitaria come modello dell'indissolubile unione degli sposi cristiani*

Le considerazioni precedenti mostrano a sufficienza la grandezza, la profondità e la santità del matrimonio cristiano. Ma quello che vorremmo sottolineare ora è che la nozione d'immagine, nel campo spirituale che ci interessa, è innanzitutto un dato dinamico. La vocazione dell'immagine è la somiglianza, e la somiglianza deve crescere sempre di più. Se nella coppia e nella famiglia, fin dalla loro formazione, si trova come impressa una immagine della Trinità, è perché tale immagine acquisti sempre più la somiglianza con il suo modello e lo renda quindi sensibilmente percettibile. Il focolare creato imiterà in certo senso il modo di essere e di agire della famiglia intra-divina, per esprimerne sempre più i tratti e le caratteristiche essenziali. Lavoro di diuturno sforzo e di costante progresso, che suppone una completa fedeltà di tutti e di ciascuno all'opera interiore della grazia.

Soprattutto, non si creda che ciò significhi proporre un ideale troppo elevato, inaccessibile e utopistico. Non sono forse le perfezioni divine che ciascun cristiano, in quanto figlio di Dio, è chiamato a imitare e che ha la grazia per rispecchiare? « Siate perfetti, come è perfetto il vostro Padre celeste », insegna Gesù nel Sermone della montagna (Matt. 5, 48). Parafrasando queste parole del Signore, si potrebbe dire lo stesso ai membri del focolare cristiano: « Siate perfetti, come sono perfetti, nelle loro reciproche relazioni d'amore, il Padre, il Figlio e lo Spirito Santo ».

Il triplice volto di questo amore trinitario, che è anche il triplice volto di Dio, si chiama dono, accoglimento e comunione. Il Padre è dono di sé senza riserve: solo dandosi egli si possiede; è generando il Figlio in uno slancio di totale generosità che egli è Padre. Il Figlio, a sua volta, è accoglimento del dono del Padre, da cui ha tutto il suo essere. Se pretendesse di bastare a se stesso, e di appartenere solo a se stesso, si annienterebbe. Ma questo accoglimento è anche slancio di gratitudine, e dono di sé in cambio. E' così che egli si afferma come una persona distinta di fronte al Padre. Poiché darsi non è perdersi: è raggiungere la pienezza

---

[25] R. ROCHOLL, *Die Ehe als geweihtes Leben,* Dülmen in Westfalen, 1936, pp. 108-110, e *passim,* tradotto in *L'anneau d'or,* N. 51-52, 1953, pp. 251-252, sotto il titolo: *La Trinité présente au couple chrétien.*

della propria personalità. Quanto allo Spirito Santo, egli è in Dio la comunione sussistente e ipostatizzata; è in fatti l'amore personificato del Padre e del Figlio. E' tutto accoglimento, poiché riceve il suo essere dal Padre e dal Figlio insieme, ma riceve solo per dare, essendo senza divisione in ciascuno di loro, che unisce con il più intimo legame divino. Il dono di sé è nello stesso tempo creatore delle personalità e della comunità.

Tutto è assolutamente comune tra le persone della Trinità. La natura divina, con le sue infinite ricchezze, bontà e bellezze, appartiene ugualmente e indivisibilmente alle Tre Persone. Esse hanno un'unica visione delle cose, un unico volere, un unico agire. Il Padre non tiene nulla per sé. Di proprio ha solo che è Padre. Il Figlio, che ha tutto ciò che è dal Padre, non pretende di avere per sé altro che il suo atteggiamento di filiale e riconoscente dipendenza. E lo Spirito Santo, che procede dai due, non ha altra ragione di soddisfazione che quella di essere la dilezione comune dell'uno e dell'altro.

Questa intercomunione nel godimento di tutti i beni non è una situazione statica, ma un perpetuo scambio, un incessante dialogo. E' presenza delle tre divine persone non soltanto le une alle altre, ma le une nelle altre, ovverossia « circumincessione ». Se fosse lecito esprimersi così a loro riguardo, si direbbe che hanno « un solo cuore e una sola anima » (cf. Atti, 4, 32). E' la perfetta unità nella pluralità. Per ciò stesso, è il completo accordo, la suprema armonia. Ma è anche una indissolubile interdipendenza.

Questa indissolubilità assoluta non è qualcosa di giustapposto all'amore e che gli verrebbe dall'esterno. E' una proprietà intrinseca dell'amore autentico, personale e spirituale. In Dio, l'amore non è l'effimera inclinazione di una affettività egoistica, e meno ancora una passione che bruci solo per spegnersi subito dopo. L'amore, come abbiamo visto, è dono di sé. Ora il dono di sé, quando è reciproco e quando è totale, non può essere ripreso: è definitivo; unisce per sempre. E' troppo poco dire che l'amore esige l'eternità: esso è per essenza eterno, e l'unione che genera è indissolubile.

Appunto perché indissolubile è l'unione delle persone in Dio, suprema è la beatitudine di Dio, una vita beata senza fine e senza ombra. L'amore condiviso è fonte di felicità. La felicità di essere l'uno all'altro è, nella Trinità, eterna come l'amore stesso. Dall'indissolubilità dell'unione dipende l'intensità e la pienezza della felicità [26].

---

[26] Per un più ampio sviluppo di alcuni di questi temi, vedere: J. G.

La contemplazione della Trinità rivela le leggi dell'amore che dovrebbero far felice un focolare. Ma c'è la debolezza umana, il peccato. Lungi dal rispecchiare fedelmente e in maniera sempre più approfondita il modello divino che viene loro offerto, l'uomo e la donna possono offuscarne, nella loro unione, la somiglianza fino ad oscurarne completamente i tratti. Non possono tuttavia distruggere la realtà dell'immagine che hanno formata unendosi, così come il peccatore non può annullare in sé con il peccato mortale l'immagine individuale di Dio che porta impressa nella propria anima: essa rimane come una esigenza, come un richiamo, e domanda di essere ristabilita nell'integrità e nella purezza della sua somiglianza. La Trinità è una e indissolubile nell'unione delle sue persone. La coppia ne recherà per sempre l'impronta. E ciò che è vero di qualunque matrimonio umano, lo è molto di più della coppia che il sacramento ha introdotta nel mistero stesso della vita trinitaria. Gli sposi cristiani non potranno mai cancellare e sopprimere in sé questo mistero di Dio.

Se la Chiesa ha del matrimonio un'idea così elevata e non ammette alcuna specie di divorzio, è senza dubbio perché è impossibile che Cristo si separi dalla sua Chiesa, ma è anche perché è impossibile che Dio cessi di essere Dio e che la Trinità cessi di essere una comunità di amore indissolubile.

Questa comunità ha bisogno sulla terra, nel mondo in cui viviamo e che vien detto secolarizzato, di testimoni inconfutabili. Gli sposi cristiani sono per vocazione il segno vivente che deve svelare lo splendore e la realtà presente della vita trinitaria, di cui il matrimonio li ha resi sacramentalmente partecipi.

GOURBILLON, *La famille divine, modèle de la famille humaine*, in *L'anneau d'or*, N. 51-52, 1953, pp. 218-220; H. CAFFAREL, *Notre Dieu, la Sainte Trinité*, Ibidem, N. 138, 1967, pp. 433-444; J. BEYER, *Amoris humani donum divinae caritatis sacramentum*, in *Periodica*, t. 58, 1969, pp. 219-242; A. MARRANZINI, *Comunione trinitaria e matrimonio cristiano*, in *Evangelizzazione e matrimonio*, a cura di S. CIPRIANI, Napoli, 1975, pp. 226-230.

Salvatore Garofalo
Professore di sacra Scrittura

AMORE E MATRIMONIO NELLA BIBBIA

Nella polemica con i farisei a proposito del divorzio Gesù, per restituire al matrimonio la dignità primigenia secondo le intenzioni del Padre compromesse dalla « durezza di cuore » dell'antico popolo di Dio, cioè della sua incapacità a comprendere il disegno e la volontà del Signore, fa appello alle primissime pagine della Genesi (Mt. 19, 4-8; Mc. 10, 5-9). Ad esse è necessario rifarsi anche per individuare la presenza della dimensione « amore » nella società coniugale.

I semiti, e quindi anche gli autori della Bibbia, non indugiano in sottili analisi psicologiche e non si abbandonano a riflessioni filosofiche sui sentimenti umani, quindi si deve fare attenzione a certe implicazioni del loro vocabolario per scoprirvi utili indicazioni. Nel primo racconto della creazione (Gen. 2, 26-28), che è il più recente nella sua redazione scritta e risale secondo la critica al VI sec. av. C., si parla della creazione dell'uomo a immagine di Dio, della distinzione dei sessi, del dominio dell'uomo sulle altre creature e della benedizione divina alla prima coppia perchè sia feconda e padrona del mondo. I due sessi non sono visti come puro dato biologico che l'uomo ha in comune con gli animali; è significativo il fatto che la mancanza di fede e di obbedienza dimostrata con il primo peccato perverte anche il rapporto sessuale dell'uomo con la donna col manifestarsi della vergogna per la nudità (Gen. 2, 25 e 3, 10-11) e col subentrare della passione che fa spazio all'egoismo dell'uomo (Gen. 3, 16).

Nel secondo racconto — il più antico (sec. IX av. C.) — l'uomo è nel paradiso della felicità senza ombre quando Dio crea la donna per dargli « un aiuto che sia simile a lui », che possa colmare la solitudine in una società che perciò non può limitarsi al rapporto fisico (Gen. 2, 18). Eva non è tratta, come l'uomo e gli animali, dalla polvere della terra (Gen. 2, 7. 19), ma dal fianco di Adamo, il che fonda un'appartenenza reciproca che differisce qualitativamente dal rapporto con le altre creature. La scoperta della donna, presentatagli da Dio stesso, è per l'uomo motivo di un trasalimento di gioia e di meraviglia, preludio dell'attrazione personale, di una comunione di vita di due esseri uguali più profonda e più forte di altri legami naturali e spirituali come, in specie, quello paterno e materno (Gen. 2, 23-24). Più tardi, il Siracide (40, 23) dirà che questo legame è più duraturo e necessario dell'amicizia.

Apparentemente i testi della Genesi non fanno parola dell'amore, ma parlando dell'uomo che si « unirà » alla sua donna per essere con lei « una carne sola » (Gen. 2, 24) è usata la radice ebraica DBQ che esprime una relazione che corrisponde esattamente all'amore. La radice DBQ infatti significa « attaccarsi, incollarsi, agglutinarsi, aderire (così traduce la Volgata) » come la lingua al palato; questo attaccamento, riferito a Dio, è l'amore che l'uomo gli deve sopra ogni cosa (Deut. 11, 22; 30, 20) e riferito all'uomo può esprimere un sentimento d'amicizia più che fraterna (Prov. 18, 24) e l'amore nel matrimonio. Davide dice che l'amicizia di Gionata era per lui preziosa « più che l'amore delle donne » (II Sam. 1, 26) perché l'anima di Gionata si era attaccata all'anima sua così da amarlo come se stesso (I Sam. 18, 1) e delle mogli straniere di Salomone è detto che il re « si attaccò ad esse per amore » (I Re 11, 2). Dall'esame delle espressioni parallele al termine che in ebraico esprime direttamente l'amore — ʾHB — e con riferimento al testo della Genesi (2, 23-24 — l'amore secondo la Bibbia è stato definito « l'intenso desiderio di essere vicini, non solo interiormente ma anche fisicamente, alla persona con cui ci si sente attratti e uniti, e di essere legati ad essa strettamente e fortemente in tutti gli aspetti della vita » [1]. L'essere una sola « carne », a sua volta, esprime alla maniera biblica una unione interpersonale completa.

* * *

Presso tutti i popoli semiti, e quindi anche presso gli ebrei, non si poteva contrarre alcun impegno giuridico senza il consenso del padre, perciò nel matrimonio la scelta della fidanzata era opera di lui nella sua qualità di capo della famiglia; in mancanza del padre la scelta toccava ai fratelli o alla madre nella sua veste di tutrice del figlio. Il contratto di matrimonio era concluso tra i padri dei fidanzati e la fidanzata era obbligata ad accettare senza riserve la decisione paterna [2], senza che i suoi sentimenti venissero esplicitamente in questione perché i diritti individuali cedevano il passo

---

[1] G. WALLIS, nel *Grande Lessico dell'Antico Testamento* (trad. dal tedesco), Brescia (1974), vol. I, col. 217.

[2] W. KORNFELD, *Mariage dans l'A.T.* nel *Supplément* al *Dictionn. de la Bible* a cura di L. PIROT - A. ROBERT - H. CAZELLES, vol. V, Paris 1957, col. 906 ss.

alla più impellente necessità di assicurare una discendenza. Ma i sentimenti non potevano essere del tutto sopraffatti dal diritto e dall'uso; nella Bibbia troviamo casi in cui il matrimonio concluso come atto di obbedienza alla potestà paterna e fraterna porta agli sposi in premio l'amore e la felicità. Rebecca fu scelta in moglie da Abramo per il figlio Isacco — dopo il riconoscimento avvenuto mediante un segno — ma Isacco « introdusse Rebecca nella tenda che era stata di sua madre Sara; prese in moglie Rebecca e l'amò. Così Isacco trovò conforto dopo la morte della madre » (Gen. 24, 67). Anche nel classico esempio biblico di un matrimonio esemplare e felice come quello di Tobia e Sara, contratto secondo le prescrizioni della Legge di Mosè (Tob. 6, 13), questa osservanza scrupolosa non impedì che Tobia potesse amare Sara « al punto da non saper più distogliere il cuore da lei » (Tob. 6, 19).

La Bibbia conosce anche esempi di matrimonio in cui l'amore è anteriore al procedimento legale. Giacobbe, figlio di Isacco, « amava » la bellissima Rachele e per averla in moglie sopportò di buon animo di servire il suocero Labano — che praticamente lo ricattava — per sette anni, che « gli sembravano pochi ... tanto era il suo amore » per Rachele (Gen. 29, 17-20. 30). Sansone si invaghisce di una filistea, chiede ai genitori di combinare il matrimonio e alle loro proteste perchè la donna era estranea al popolo eletto egli adduce il motivo che « gli piace », anche se questo trasporto viene attribuito dall'autore sacro a Dio stesso, che cercava l'occasione per provocare la rovina dei Filistei (Giudici 14, 1-20). Si dà addirittura il caso di una donna che si innamora dell'uomo che diventerà suo marito senza che egli lo sappia: Mikal, figlia di Saul, s'invaghisce del giovane Davide « biondo, con gli occhi belli e di gentile aspetto » (1 Sam. 16, 12). Il matrimonio fu abilmente portato a buon fine dal re e quando egli fu preso da mania di persecuzione e da furia omicida contro il genero, Mikal salvò il suo amatissimo sposo dalla violenza del padre (I Sam. 19, 11-17). In seguito, Saul tolse per vendetta Mikal a David dandola in sposa a un certo Paltiel e quando David fu in condizione di riprendersela Paltiel accompagnò la donna « piangendo per tutta la strada dietro a lei » (II Sam. 3, 16). Questo felicissimo tocco dell'autore sacro fa intuire un grande amore, come l'atroce sarcasmo della donna all'indirizzo di David quando egli danzò davanti all'arca lascia forse intendere che Mikal non aveva sepolto l'amore del povero Paltiel (II Sam. 6, 20-23).

Ancora un esempio: l'amore di Elkana per Anna, che sarà prodigiosamente madre di Samuele ma da sterile è umiliata dalla sua rivale Peninna, vale più dell'amore che potevano darle dieci figli (I Sam. 1, 8).

* * *

I libri sapienziali della Bibbia parlano della felicità che la moglie procura al marito ed esaltano l'amore coniugale con toni lirici che echeggiano il Cantico dei Cantici:

« Sia benedetta la tua sorgente (cioè la moglie legittima);
trova gioia nella donna della tua giovinezza:
cerva amabile, gazzella graziosa,
essa s'intrattenga con te;
le sue tenerezze ti inebrino sempre;
sii tu sempre invaghito del suo amore » (Prov. 5, 18-19).

L'agiografo insiste sulle esigenze di fedeltà del legame coniugale, tra cui la monogamia è la principale, prospettando la gioia serena ed intima che l'amore sincero e devoto della sua donna procura all'uomo.

L'amaro Ecclesiaste (9, 9) consiglia: « Godi la vita con la sposa che ami per tutti i giorni della tua vita fugace, che Dio ti concede sotto il sole, perché questa è la tua sorte nella vita e nelle pene che soffri sotto il sole ». L'insorgere dell'amore nel cuore dell'uomo per una determinata donna che sarà sua è un mistero indecifrabile:

« Tre cose mi sono difficili,
anzi quattro, che io non comprendo:
il cammino dell'aquila nell'aria,
il cammino del serpente sulla roccia,
il cammino della nave in alto mare,
il cammino dell'uomo verso una giovane » (Prov. 30, 18-19);
cfr. Giob. 39, 26-27; Sap. 5, 10. 11).

Per Agur, autore di questo proverbio numerico, non si riesce a spiegare come l'aquila possa librarsi nel cielo a vertiginosa altezza; come faccia un serpente privo di arti a camminare sulla pietra e come un vascello possa galleggiare sul mare profondo, ma il mistero più grande è la forza arcana che spinge un uomo verso una donna per unirsi a lei.

Nel Cantico dei Cantici, un capolavoro poetico universale, la celebrazione dell'amore rivolto al matrimonio raggiunge i vertici della lirica. Due fidanzati o due giovani sposi si abbandonano all'onda dell'amore esprimendo i loro sentimenti con audacia a volte sorprendente. Alla prima lettura il Cantico si presenta come un poema d'amore imparentato con altre composizioni orientali del genere ed è noto l'antico problema della interpretazione di questo testo che è Scrittura Sacra, quindi Parola di Dio. L'inclusione nel canone dei Libri ispirati impone secondo molti autori di dare al poema una interpretazione degna della rivelazione divina, di leggerlo cioè in chiave simbolico-profetica: l'amore di cui esso parla adombrerebbe l'intima ed esaltante relazione tra Dio e Israele o l'amore tra Cristo e la Chiesa o tra Cristo e l'anima, o tra lo Spirito Santo e la Vergine Maria; ma in questi ultimi tempi, anche tra gli studiosi cattolici, riprende vigore l'interpretazione secondo la quale il Cantico celebra l'amore umano, a patto però di non privarlo di ogni senso religioso: « L'amore profano non è necessariamente un amore profanato. Una interpretazione naturale non è necessariamente naturalistica; e una ricerca razionale non è necessariamente razionalista » [3]. Certo, un sottofondo « naturale » non si può escludere; oltre tutto è da esso che prenderebbe lo slancio l'elaborazione allegorica.

E' interessante innanzi tutto rilevare che l'amore celebrato dal Cantico è, in un ambiente ancora poligamico, un amore unico, un tesoro incomparabile, di fronte al quale impallidisce ogni altra ricchezza; in un ambiente in cui era in vigore la pratica del divorzio, l'amore cantato dall'autore biblico è un amore eterno:

> « Mettimi come sigillo sul tuo cuore,
> come sigillo sul tuo braccio;
> perché forte come la morte è l'amore,
> inflessibile come l'inferno è la gelosia;
> le sue fiamme sono fiamme ardenti,
> una fiamma del Signore! [4]
> Le grandi acque non possono spegnere l'amore
> nè i fiumi travolgerlo.
> Se uno desse tutte le ricchezze della sua casa
> in cambio dell'amore,
> non meriterebbe che disprezzo » (8, 6-7).

---

[3] A.-M. DUBARLE, O.P., *L'amour humain dans le Cantique des Cantiques*, in *Revue Biblique*, 61 (1954) p. 67 n. 2.

[4] In tutto il Cantico soltanto qui ricorre il nome di Dio; alcuni vogliono scorgere in questo testo la chiave per l'interpretazione simbolica del poema: l'amore di cui si parla è l'amore di Dio; ma nella Bibbia è nota la formula del superlativo che dice « del Signore » ogni cosa eccelsa (cfr. « alberi di Dio » per indicare alberi giganteschi come il cedro).

Il sigillo era quanto di più personale possedeva un uomo e dava credito ai suoi impegni; di solito veniva portato al collo infilato in una cordicella o inserito in un anello; nel Cantico, la menzione del braccio fa probabilmente riferimento al fatto che la sposa è appoggiata al braccio dello sposo (8, 3) e da lui non vuole essere mai separata, come un uomo custodiva gelosamente il suo sigillo. La forza e la esclusività dell'amore [5] sono più gagliarde della morte cui l'uomo non può sottrarsi e dell'inferno al quale non è possibile strappare la sua preda; è un fuoco che nulla e nessuno può estinguere.

I due sposi del Cantico sono in un rapporto di perfetta parità e si appartengono reciprocamente: « Il mio amato è per me ed io per lui » (2, 16; 6, 3). Lo sposo è « l'amore dell'anima » della sposa (1, 7), che a sua volta è « malata d'amore » (2, 5; 5, 8) e cerca ansiosamente « l'amato del suo cuore » (3, 1-4); la sposa ha « rapito il cuore » dello sposo con un solo sguardo (4, 9) e le sue carezze sono « più deliziose del vino » che inebbria (4, 11). L'amata è semplicemente l'Amore (2, 7; 7, 7). I due contemplano avidamente ed esaltano la loro bellezza; i loro incontri sono trepidanti ed entusiasti e anche se in tanta sublime poesia fa capolino una certa carica di erotismo, ciò risale alle caratteristiche dello stile semitico e la pienezza dei sentimenti amorosi non scade mai a un impulso egoistico e greve.

L'amore del Cantico non è il turbine di una passione esclusivamente sensuale, quasi animalesca; è dedizione lieta, abbandono totale, in tutte le sue componenti, di una persona a un'altra persona che quell'entusiasmo e quell'abbandono perfettamente e gioiosamente condivide senza sottintesi e senza rapine. Forse per questo nel Cantico è assente ogni riferimento a Dio; esso « non parla di Jahvè, che è superiore ad ogni sensualità. Ricordarlo in questi canti consacrati alla tenerezza fra l'uomo e la donna ... significava esporsi a pericolosi malintesi anche in Israele dove non si ignorava completamente la mitologia sensuale del politeismo circostante. Invece di santificare l'amore, si rischiava di lasciare o di abbassare Jahvè al piano degli dèi pagani, suoi rivali ancora pericolosi nel cuore del popolo » [6].

Nel Cantico domina un'atmosfera paradisiaca. Nel contesto

---

[5] C'è chi vede in questa esclusività una protesta contro il divorzio in uso in Israele.

[6] A.-M. DUBARLE, *Amore e fecondità nella Bibbia* (traduz. dal francese), Bari 1969, p. 65.

generale della Bibbia così attenta alla tragica condizione dell'uomo, che è come immerso \nel peccato, il Cantico non discorre di un amore ferito quale sperimenta l'uomo nella sua attuale condizione, ma di un amore come doveva essere possibile nell'Eden [7].

* * *

A partire da Osea, il profeta che svolse il suo ministero nel regno scismatico d'Israele nella seconda metà del sec. VIII a. C., l'insegnamento biblico sul matrimonio prende una svolta importante. Il tema principale del messaggio di Osea è la infedeltà di Israele al suo Dio, il quale, per la prima volta nella Bibbia, viene esaltato come lo Sposo di Israele; l'alleanza che lo legava al popolo eletto fin dal tempo dei Patriarchi era dunque un patto d'amore (cfr. Deut. 4, 37). Tra il lampeggiare di terribili minacce e l'asprezza di una critica appassionata per lo spregevole comportamento di Israele che si prostituisce nel culto di false divinità, l'amore di Dio è descritto con accenti di intimità e di tenerezza, acquistando così potente rilievo. Il matrimonio assurto a simbolo della relazione di Dio con il suo popolo ha riflessi importanti anche sul concetto del matrimonio umano, che comincia a ritrovare la sua primitiva purezza. Il ministero profetico di Osea gravita intorno alla tragica prova alla quale lo sottopone un matrimonio con una donna pervicacemente infedele (cc. 1 e 3, che vengono interpretati da alcuni allegoricamente e non come un fatto reale). L'infelice profeta non smette però di amare l'indegna, facendo ogni sforzo per guadagnarla al suo tenace amore.

Il linguaggio che usa Osea per descrivere il rapporto nuziale tra Dio e Israele si ispira al linguaggio dell'amore umano in tutte le sue variazioni, violento o tenerissimo, secondo che sfoga la gelosia o blandisce l'amata:

«... ecco, io l'attirerò a me,
la condurrò nel deserto
e parlerò al suo cuore ...
In quel giorno ...
mi chiamerai: Marito mio [8],

---

[7] P. GRELOT, *Le couple humain dans l'Écriture*, nouv. edit., (*Lectio divina*, n. 31), Paris 1964, p. 367.
[8] Per « marito » il testo ebraico usa il termine *'ish*, cioè « uomo »; in Gen. 2, 23; Adamo chiama Eva: *ishah* (femminile di *'ish*) perchè è stata tratta dall'uomo (*'ish*).

e non mi chiamerai più: mio Padrone.
Ti farò mia sposa per sempre,
ti farò mia sposa ...
nella benevolenza e nell'amore,
ti fidanzerò con me nella fedeltà » (Osea 2, 16-22).

Il ristabilimento dell'alleanza è modellato sull'ideale coniugale della Genesi (2, 18-25) nel clima paradisiaco, espresso per il tempo della nuova alleanza con l'assenza di ogni guerra e l'accento di una pace perfetta e perfino con la cessazione delle calamità naturali. La nuova relazione coniugale di Dio con il suo popolo ha la fragranza e la freschezza del primo amore, di un fidanzamento eterno, nel quale il Signore attirerà a sé la fidanzata « con legami di bontà, con vincoli d'amore » (Osea 11, 4).

Il tema ritorna nei profeti dell'esilio, quando Israele subì la più grande prova della sua fede e sembrò che Dio avesse ripudiato per sempre il suo popolo. Nel nome del Signore, Geremia (2, 2) dice a Gerusalemme:

« Mi ricordo di te, dell'affetto della tua giovinezza,
dell'amore al tempo del tuo fidanzamento [9],
quando mi seguivi nel deserto di una terra non seminata ».

Nello stesso ordine di idee e allo stesso indirizzo — Gerusalemme — il libro di Isaia (62, 4-5) dice:

« Nessuno ti chiamerà più Abbandonata,
nè la tua terra sarà detta più Devastata,
ma tu sarai chiamata Mio Compiacimento
e la tua terra Sposata,
perché il Signore si compiacerà di te
e la tua terra avrà uno sposo.
Sì, come un giovane sposa una vergine,
così ti sposerà il tuo creatore;
come gioisce lo sposo per la sposa,
così il mio Dio gioirà per te ».

---

[9] Come Osea (2, 16-22), Geremia vede nel periodo in cui Israele liberata dalla schiavitù d'Egitto pellegrinava nel deserto il tempo dell'idillio con Dio. Anche se in quel tempo ci furono incomprensioni e ribellioni del popolo insofferente delle privazioni, esso era sotto la guida manifesta e la protezione di Dio, al quale offriva un culto più puro, al riparo dall'influsso del politeismo grossolano della terra di Canaan. L'immagine del fidanzamento è frequente in Geremia (2, 36; 7, 34; 16, 9; 25, 10; 33, 11). Nella Apocalisse (19, 7; 21, 2) la Gerusalemme celeste è la sposa dell'Agnello parata per le nozze.

È la risposta che Dio dà a Gerusalemme, esultante per aver ritrovato il suo Sposo:

« Io gioisco pienamente nel Signore,
la mia anima esulta nel mio Dio,
perché mi ha rivestita delle vesti di salvezza,
mi ha avvolta con il manto della giustizia,
come uno sposo che si cinge il diadema
e come una sposa che si adorna di gioielli » (Is. 61, 10).

La nazione santa è una sposa o una fidanzata (Is. 49, 18) ornata per le nozze, come il fidanzato porta il diadema o turbante di gala.

Nel libro di Malachia, che chiude la letteratura profetica dell'Antico Testamento tra il 480 e il 460 av. C., cioè prima della riforma di Esdra nel corso della quale era di fondamentale importanza il problema dei matrimoni di israeliti con donne straniere (Esdr. c. 10), la dottrina biblica sul matrimonio fa un ulteriore progresso. Malachia afferma che quei matrimoni profanano « il santuario », ma il termine ebraico può anche esser tradotto con « cose sante » e riferirsi al matrimonio come istituzione a Dio cara. L'altare del Signore è coperto « di lacrime, di pianti e di sospiri » e le offerte risultano sgradite perché è stata commessa un'altra colpa: col divorzio, l'uomo ha tradito « la donna della sua giovinezza » con la quale aveva contratto un'« alleanza » che aveva avuto a testimone e garante Dio stesso. Il contratto matrimoniale diventa così un atto religioso. La moglie è chiamata in ebraico « compagna », con un termine che ricorre soltanto qui in tutta la Bibbia ed esprime l'intimità di una lunga vita in comune, che ovviamente non si esaurisce nel rapporto fisico e nelle mutua assistenza, ma è ricca di tutte le umane ricchezze, di cui la più preziosa è l'amore [10].

* * *

Al racconto della Genesi si rifà anche san Paolo nel celebre testo della lettera agli Efesini (5, 22-33), che è l'eco della predicazione profetica nell'alleanza coniugale tra Dio e Israele, fondamentale per la considerazione del matrimonio alla luce della intera rivelazione biblica [11]. Il legame che unisce gli sposi cristiani è visto

---

[10] Th. CHARY, *Aggée-Zacharie-Malachie* (collez. *Sources bibliques*), Paris 1969, p. 260 s.
[11] Ci limitiamo a rimandare all'ultimo studio di A. FEUILLET, *La dignité*

come « mistero grande » alla luce del legame che avvince Cristo Sposo alla Chiesa sua Sposa, rivelato nella pienezza dei tempi, quando viene a compimento il disegno divino di salvezza, che ha avuto i suoi remoti inizi con la promessa di Dio alla prima coppia umana sulle soglie del paradiso perduto (Gen. 3, 15).

Paolo comincia col raccomandare alla moglie la sottomissione al marito, ma questa soggezione perde ogni aspetto servile e di inferiorità: è, in realtà, una risposta d'amore perchè la Chiesa, modello della donna, è sottomessa a Cristo non certo per timore, ma in quanto egli è il suo capo e salvatore per amore. Quando infatti l'apostolo impone ai mariti di amare le mogli indica ad essi l'esempio di Cristo, il quale « ha amato la Chiesa e ha dato se stesso per lei »: un amore autentico e al massimo grado perché donazione totale. Del sacrificio di sè Cristo stesso ha detto: « Nessuno ha un amore più grande di questo: dare la vita » (Gv. 15, 13). L'autorità di Cristo Sposo è fondata dunque sul suo sacrificio, mediante il quale egli santifica e purifica la Sua Sposa col « lavacro dell'acqua accompagnato dalla parola » (il battesimo: Tit. 3, 3-7). Questo lavacro fa allusione al bagno che, secondo il costume orientale, la sposa faceva prima di pararsi per la cerimonia nuziale. Per Cristo, lo scopo del lavacro è di « presentare a se stesso » una Chiesa santa e immacolata, senza macchia o ruga o qualsiasi altra deturpazione. Il verbo « presentare » esprime il compito del paraninfo, che presentava la sposa allo sposo (I Cor. 11, 2). In sostanza, Cristo e la Chiesa sono come due perpetui fidanzati, e ciò indica l'intatta purezza e freschezza del loro amore sempre giovane.

Paolo cita esplicitamente (v. 31) il testo della Genesi (2, 24) e, in contrasto con le varie speculazioni del pensiero giudaico sui significati profondi dell'antica pagina sacra sulla creazione della coppia umana, il matrimonio istituito da Dio all'alba della storia umana aveva lo scopo di adombrare e riflettere il mistero dell'unione coniugale di Cristo con la Chiesa nel segno e nel pegno dell'amore. Fin dall'inizio Dio aveva creato l'uomo e la donna in vista di una feconda e indissolubile comunione d'amore: un ideale altissimo, il cui raggiungimento è reso possibile dal miracolo d'amore compiuto da Cristo con la redenzione. In virtù di essa, la grazia divina annessa al matrimonio, da Cristo elevato a dignità di sacramento, consente finalmente di riportare il vincolo coniugale alla sua primitiva dignità, secondo le intenzioni non nascoste di Dio. Il

---

et le rôle de la femme d'après quelques textes pauliniens, in *New Testament Studies* 21 (1975) spec. pp. 170-175.

peccato profanò il matrimonio come profanò l'amore, ma la grazia di Cristo li ha riconsacrati negli splendori della Nuova Alleanza. E' necessario convincersi che un discorso sull'amore nel matrimonio cristiano senza riferimento alla grazia che all'uno e all'altro dà valore e vigore è un discorso senza senso. E' alla grazia che i coniugi devono attingere la forza per amarsi senza stanchezza e con definitiva fedeltà.

Jean Beyer, s. j.
Professore di diritto canonico

IL MISTERO DELL'AMORE E L'INDISSOLUBILITÀ DEL MATRIMONIO CRISTIANO

« Questo mistero è grande; lo dico di Cristo e della Chiesa. Quindi anche voi, ciascuno da parte sua, ami la propria moglie come se stesso, e la moglie sia rispettosa verso il marito ». Questo testo è importante. Spesso il « sacramentum magnum » di cui si parla, è stato chiamato in causa per stabilire e spiegare la sacramentalità del matrimonio cristiano, la sua unità, la sua indissolubilità. I coniugi cristiani, salvati da Cristo, vedono il proprio amore purificato, guarito dalla ferita del peccato ed elevato all'altezza di un mistero così rivelato e che gli conferisce senso e stabilità. Mistero che è rivelazione del piano divino nella luce di Dio. Infatti, se il matrimonio reca l'impronta divina e ci prepara, nell'amore umano vissuto, a ricevere e a comprendere il mistero dell'amore trinitario di Dio come vita nuova e beatitudine eterna, esso è, inoltre, segno ed espressione dell'amore di Cristo per la Chiesa, sua sposa. Il segno rivela all'uomo la perfezione dell'amore coniugale nella sua reciproca dedizione e la sua fecondità nella carità.

L'Antico Testamento ha preparato il vertice costituito dalla rivelazione del « sacramentum magnum » e quest'ultimo si può pienamente comprendere solo alla luce della rivelazione della vita di Dio, uno nella sua trinità di amore.

Il legame che unisce Cristo sposo della Chiesa, sua sposa e madre feconda, è stato spesso richiamato per provare l'indissolubilità del matrimonio, indissolubilità del resto totale quando si tratti di un matrimonio cristiano, che è sacramentale, compiuto e realizzato pienamente in una dedizione reale come scambio e unione d'amore.

Oggi questo testo, per uno strano rovesciamento delle situazioni e delle dottrine che ne sono talvolta sconvolte, viene chiamato in causa per promuovere lo scioglimento di un matrimonio infelice: il matrimonio cristiano si dissolve per mancanza d'amore; non sarebbe necessario scioglierlo, si scioglierebbe da solo. Un matrimonio che non può più essere realmente segno e testimonianza del « sacramentum magnum », rappresentato dal mistero dell'amore di Cristo per la sua Chiesa, cesserebbe di essere « sacramento », cioè segno del mistero e mistero esso stesso come portatore di verità rivelata.

Di più, sarebbero i coniugi i primi arbitri del loro amore, così come ne sono i primi responsabili: soltanto essi ne hanno tutta l'esperienza. Senza amore, niente matrimonio, e dove sgorga l'amore rinasce la possibilità di un nuovo dono. Si scorgono subito i possibili risultati di una simile esegesi, se si può parlare qui di una esegesi seria e fondata sulla fede. Il matrimonio, diventando esperienza e responsabilità degli sposi, viene sottratto come sacramento all'autorità ecclesiastica che non deve più giudicarne il valore o garantirne la consistenza.

A una riflessione più attenta, si pongono altri interrogativi che, invece, condurrebbero a una migliore comprensione del mistero. Perché sia segno e rivelazione di un amore perfetto, come è quello di Cristo-Sposo per la sua Sposa, la Chiesa, è necessario che il matrimonio sia « sacramento »? E questo amore di Cristo per la Chiesa è il segno della uguaglianza di un vicendevole amore coniugale? E infine, il segno si riferisce all'istituzione o al rapporto personale che unisce gli sposi? Ma che significa l'istituzione in questo caso? S. Paolo, parlando del matrimonio dei cristiani, suppone d'altra parte piuttosto un ideale da raggiungere che una realtà acquisita. La forza dell'istituzione non consiste nel perpetuare e nel sostenere un ideale? Ma il sacramento del matrimonio sarebbe « istituzione » solo a titolo di consenso, di legame? Non è forse qualcosa di più? E' quanto appunto vogliamo studiare. Un tale studio suppone non soltanto una meditazione, una riflessione sulla fede: per essere portato a buon fine, deve soprattutto essere il risultato di una esperienza dell'amore divino che esso deve necessariamente raggiungere vivendolo come grazia. La Santità della Chiesa illumina così il suo mistero.

Significato e portata del testo di S. Paolo

Il passo della lettera agli Efesini (5, 21-33) ci presenta uno degli insegnamenti importanti di S. Paolo sul matrimonio; anzi, a nostro avviso, il più importante. Il versetto 32 è stato certamente il più citato; esso proclama il matrimonio come « sacramentum magnum » e spiega la sua profonda relazione con Cristo Sposo e la Chiesa, sua Sposa.

A dire il vero, S. Paolo resta debitore del tempo in cui viveva. Il matrimonio a lui noto fa del marito il capo della moglie (v. 23). Da quest'ultima egli si attende sottomissione (v. 22), sottomissione completa (v. 24). Il marito amerà la moglie come il proprio corpo (v. 28). La moglie rispetterà il marito; letteralmente essa deve temerlo, come del resto tutti i cristiani devono temere Cristo (v. 21): timore che non è tuttavia un timore servile, ma segno e condizione di un amore profondo.

A prima vista, S. Paolo non pensa a cambiare l'istituzione matrimoniale del suo tempo, come non milita per l'abolizione della schiavitù (Ef. 6, 5-8). Egli rinnova lo spirito che anima gli sposi a tal punto che il matrimonio ne sarà trasformato, elevato com'è alla dignità di « sacramento », rivelazione e segno della nuova alleanza che unisce Cristo alla sua Chiesa, in uno stesso amore.

La vita cristiana determina nella vita sociale relazioni nuove. E' così che Cristo rinnova tutto. Il testo degli Efesini riprende senza dubbio l'esortazione della lettera ai Colossesi (3, 8); supera tuttavia la semplice ripetizione di precetti morali enunciati dalla filosofia corrente del tempo. Il riferimento a Cristo, che nell'epistola ai Colossesi modificava già profondamente questo insegnamento, raggiunge qui tutta la profondità che questa epistola rivela. Cristo Signore vi occupa un posto centrale; sta nel fulcro del messaggio. La Chiesa, sua Sposa, è insieme Popolo di Dio e Corpo di Cristo. Il tema del « corpo », strettamente legato a quello della « casa di Dio », riceve nella lettera agli Efesini la sua piena formulazione: mistero dell'unione di Cristo e della sua Chiesa, modello dell'unione coniugale in cui si esprimono e si riflettono l'amore di Cristo Signore e la grandezza della Chiesa, sua Sposa. Il cristiano è salvo, il battezzato è già risuscitato, è già innalzato con Cristo nella gloria. Questo mistero della salvezza viene realizzato in Gesù Cristo, viene rivelato alla Chiesa, e deve estendersi con la crescita della Chiesa. Ora, questo mistero della salvezza è una unione profonda, pari a quella dello Sposo con la Sposa, che genera e nutre i suoi figli. In tale unione si scorge la relazione trinitaria di un primo amore che si offre e al quale risponde l'amore che riceve ed esprime quel mutuo amore, in vita nuova, crescita feconda dell'amore congiunto degli sposi. Dove c'è amore, c'è trinità. La trinità perfetta dell'amore è la trinità del Dio-Carità.

Il testo degli Efesini fa comprendere questa unione fra Cristo e la sua Chiesa, spiegando il rito nuziale alla luce del battesimo. Cristo, per santificare la sua Chiesa, la purifica « per mezzo del lavacro dell'acqua accompagnato dalla parola » (v. 26). Gesto e parola sono annuncio del Vangelo, professione di fede, parola di Dio che santifica coloro che il Padre riconosce come suoi figli in Gesù Cristo. Il rito nuziale è così illustrato dal battesimo, il quale è, esso stesso, matrimonio, nuova alleanza, rito nuziale.

S. Paolo descrive il comportamento dello sposo. Lo sposo vuole che la sposa si presenti a lui tutta splendente, senza macchia né ruga, santa e immacolata. In Oriente, la fidanzata veniva lavata, adornata e presentata al fidanzato. Nel battesimo, Cristo ha lavato la sua Chiesa, l'ha purificata da ogni macchia, per presentarla a se stesso e nello stesso tempo al Padre, santa e immacolata.

In questa descrizione del rito battesimale come unione coniugale — sacrum connubium — riecheggiano gli accenti maestosi della preghiera di benedizione dell'amore divino: « Benedetto sia Dio, Padre del Signore nostro Gesù Cristo, che ci ha benedetti ... in Cristo. In lui ci ha scelti prima della creazione del mondo, per essere *santi e immacolati al suo cospetto nell'amore* » (Ef. 1, 3-4). Amore che è quello stesso di Dio per noi, da lui scelti e chiamati (Col. 3, 2; 1 Tim. 1, 4); amore che ci viene dato e che è il nostro amore per Dio (Rom. 5, 5).

Questo rito solenne sfocia in una liturgia celeste: cantare la gloria del Padre; tutto è a lode della sua gloria (Ef. 1, 12.14). E' questo anche il significato supremo della nostra unione a Cristo, Figlio unico, Capo per la Chiesa (Ef. 1, 22). E' il significato supremo del matrimonio cristiano, segno di quella unione, nuova alleanza, mistero di salvezza.

L'immagine sociale del matrimonio che S. Paolo conosceva, metteva in rilievo il predominio dell'uomo, la sovranità di Cristo, anche in quella unione d'amore in cui sposo e sposa si uniscono nello slancio del dono reciproco e totale, che è fondamento dell'unico amore che li unisce, di un amore uguale nel dono. Questa uguaglianza dell'amore — alla quale l'uomo moderno oggi è diventato così sensibile — costituisce la forza dell'amore, e il matrimonio cristiano, così come lo descrive S. Paolo, libera la sposa da ogni sudditanza servile, la rende uguale allo sposo, ne fa il suo corpo, corpo che egli ama come la propria vita, come uguale a se stesso; uguaglianza dell'amore che, grazie al dono reciproco, culmina nella fecondità della loro unione, nel loro amore.

E' oggi importante insistere su quest'ultimo aspetto rivelatoci da S. Paolo. Infatti se Cristo è lo sposo sovrano, la Chiesa sua sposa lo ama di un identico amore, poiché l'amore della Chiesa per Cristo suo sposo, non è altro che lo Spirito. Lo Spirito prega in noi (Rom. 8, 15), abita in noi (Rom. 8, 11); ci rivela le profondità di Dio, così come conosce e rivela le profondità del nostro essere; vive in noi in tutto rivolto al Padre di cui conosce i misteriosi disegni (Rom. 8, 27). Ciò che egli compie in ciascun cristiano, lo compie in tutta la Chiesa; è lui che ha risuscitato Cristo; è lui che unisce lo Sposo alla Chiesa, suo corpo, il popolo di Dio (Rom. 8, 11).

Ora, questo amore è inalterabile. « Chi ci separerà dall'amore di Cristo? » esclama S. Paolo. La sua risposta è di una grande portata: « Io sono infatti persuaso che né morte, né vita, né angeli né principati, né presente né avvenire, né potenze, né altezze, né profondità, né alcun'altra creatura potrà mai separarci dall'amore di Dio, in Cristo Gesù nostro Signore » (Rom. 8, 35-38). Amore indissolubile dell'unione di Cristo alla sua Chiesa.

Il matrimonio cristiano visto nel mistero di Dio

L'insegnamento di S. Paolo sul matrimonio deve essere visto nella pienezza del mistero di Dio. Il che consente di riconoscere tutta la ricchezza di quello che egli chiama il « sacramentum magnum », di rispondere a certe obiezioni che il testo può suscitare e di vedere come oggi il matrimonio vi trovi tutto il suo senso misterioso e il suo significato cristiano.

Innanzitutto si deve riconoscere nella dottrina di S. Paolo la sovranità di Cristo che manifesta l'amore del Padre, come pure l'uguaglianza del dono che ci unisce, come Chiesa, a lui nostro Capo, nell'amore che è Spirito. Questo Spirito è lo Spirito di Gesù. Vi è d'altronde una uguaglianza fondamentale tra lo sposo e la sposa, là dove il matrimonio è un dono reciproco e fecondo nell'amore, ad immagine di Dio.

Se il matrimonio umano è dono reciproco nell'amore e, come tale, segno della nuova alleanza, mistero di salvezza, vi si deve scorgere tuttavia l'*iniziativa di Cristo* che S. Paolo sottolinea con tanta insistenza, così come *la sottomissione della Sposa* che accetta, che riceve, che dice « sì » a Dio offrendosi a Cristo. Tutto ciò raggiunge, a nostro avviso, la profondità psicologica messa in risalto dalla complementarità dei sessi, dall'iniziativa dell'uomo, dalla ricettività della sposa, dalla sua missione nella crescita della famiglia come espressione del dono reciproco; la Sposa è quel « corpo in crescita » che S. Paolo chiama la Chiesa.

Non si deve tuttavia per questo rinunciare all'*uguaglianza delle persone,* così importante, nella misura in cui l'amore la determina e la realizza tra gli sposi: « amor invenit vel reddit similes ». Per fare questo, l'amore reciproco deve essere un dono non soltanto reciproco, ma anche senza riserve. Nel caso della Chiesa, questo dono è grazia, dono gratuito, dono dello Spirito, che è Spirito di

Cristo. L'amore di cui la Sposa ama Cristo è lo stesso amore di Cristo che la ama e si unisce ad essa.

Molto sapientemente S. Paolo sottolinea ancora la fecondità dell'amore, poiché la *sposa è madre*. Cristo la ama come il suo corpo. « Così anche i mariti hanno il dovere di amare le mogli come il proprio corpo » (v. 28). La prima conclusione che ne trae S. Paolo è sintomatica: « amare la propria moglie è amare se stesso (v. 28). Si vede così misteriosamente crescere un solo Corpo di cui il Capo è Cristo e la sposa è la Chiesa, madre dei suoi membri.

E continua S. Paolo: « Nessuno mai infatti ha preso in odio lo propria carne; al contrario la nutre e la cura » (v. 29). E' quello che fa Cristo per la Sposa, che è il suo Corpo. Tutta la morale coniugale è qui prospettata sotto chiave umana, segno della benevolenza divina, manifestata nell'amore di Cristo per la sua Chiesa. Cristo nutre la sua Sposa, ne prende cura, la guida, la protegge, la custodisce, resta con lei fino alla fine dei tempi. L'amore dello Sposo per la Sposa abbraccia tutta la sua discendenza, oggetto del loro reciproco amore.

E' per affermare questa unione tra gli sposi che S. Paolo cita il testo della Genesi: « Per questo l'uomo abbandonerà suo padre e sua madre e si unirà a sua moglie e i due saranno una sola carne » (Gen. 2, 24). Il testo della Genesi acquista così tutto il suo significato: l'unità dei coniugi è fondata su un amore finora sconosciuto, un mistero finalmente rivelato, sapienza di colui che è l'unico sapiente (Rom. 16, 27).

Il matrimonio appare infine illuminato dall'unione di Cristo, Sposo della sua Chiesa; il matrimonio umano ne è come elevato e rafforzato dal vigore di colui che vi manifesta il suo amore eterno; l'unione coniugale vi acquista quella profondità che è l'unica a poter determinare la sua indissolubilità, segno dell'amore eterno di Dio.

Davanti alla grandezza del « sacramentum magnum » così rivelato come segno dell'amore divino, davanti alla sua unità indefettibile, S. Paolo conclude: « Quindi, anche voi, ciascuno da parte sua — si rivolge agli sposi cristiani — ami la propria moglie come se stesso » (v. 33). Esortazione che riprende uno degli aspetti del comandamento nuovo della carità: « Amerai il tuo prossimo come te stesso » (Lv. 19, 18; Matt. 22, 39). Il matrimonio cristiano, se è la relazione di un dono di carità, diventa anche segno della carità cristiana: amare gli altri come se stesso per rimanere nella carità divina e unirsi in uno stesso amore, quello di Cristo per la sua Chiesa.

Il mistero dell'amore è l'indissolubilità

Nonostante che venga posto l'accento sullo Sposo che lascia il padre e la madre, che ama la sposa come la propria carne, e che anzi forma con lei una sola carne, l'uguaglianza del dono reciproco ci porta a vedere in questi obblighi dei doveri vicendevoli e dei comportamenti identici. Anche la Sposa lascia il padre e la madre, ama il marito come la propria carne e anzi forma con lui una sola carne. Se S. Paolo chiede « che la donna, come la Chiesa, ami il proprio marito » (v. 33), sembra che voglia sottolineare l'origine dell'amore che li unisce, l'iniziativa di Dio nella unione che egli instaura, il senso di Dio che deve reggere l'unione degli sposi: Dio è all'origine di questo dono reciproco: Dio in Gesù Cristo. Questo dono permette agli sposi di amarsi alla stessa stregua di Dio, così come Egli ci ama, senza riserve. Dottrina che si può comprendere solo alla luce del mistero trinitario, poiché lo Spirito di Gesù è nella Sposa amore del Padre e amore di Cristo, amore che, per grazia, è amore della Chiesa per lo Sposo che la conduce a Dio. Considerando il legame che unisce gli sposi cristiani, si resta stupiti dalle proporzioni nuove, quasi divine, che conferisce all'unione dei coniugi la loro unione a Cristo e, attraverso Cristo, la loro vita in Dio.

A leggere S. Paolo, un simile ideale di vita non può essere altro che una istituzione voluta da Dio. Prima di essere una società umana, il matrimonio è un pensiero di Dio. Per conoscerlo e realizzarlo occorrerà la grazia di Dio, il dono di Cristo che si è sacrificato per la Chiesa da lui amata (v. 25).

L'amore che unisce marito e moglie è l'unione più forte che due esseri umani possano realizzare: due anime che formano una sola carne, due amori che sono una persona, un solo amore. Questa è la visione di Dio. Dio l'ha deposta nella creazione; la citazione della Genesi addotta da S. Paolo ha qui tutto il suo peso, ci riporta alle origini tanto più facilmente in quanto la rivelazione ne manifesta tutto il significato. S. Paolo parla del matrimonio idealmente concepito da Dio, iniziato nella creazione stessa dell'uomo che egli ha voluto di sessi diversi ma complementari per esprimere in essi il suo amore. Questo ideale ha conosciuto nella sua realizzazione delle involuzioni di cui Cristo rimane testimone e giudice; egli riconduce l'umanità alla fedeltà allorché, malgrado le deviazioni causate dalla durezza del cuore del popolo eletto, malgrado la sua cecità, lo riconduce all'ideale: « Per questo Dio creò l'uomo, lo creò maschio e femmina, l'uomo lascerà suo padre e sua madre e si unirà a sua moglie e i due saranno una carne sola. Quello che Dio ha congiunto, l'uomo non lo separi » (Matt. 19, 4-6).

Il matrimonio è quello che è nei disegni di Dio. Solo il matrimonio concepito nell'intenzione divina può essere il « sacramentum magnum » dell'amore divino. Ai cristiani spetta realizzare questo segno. S. Paolo li esorta a ciò invitandoli all'amore reciproco, al reciproco dono senza riserve e senza pentimenti, dono generoso, fecondo, in una unione indissolubile, uniti fino a formare una sola carne. Questa indissolubilità è tanto più forte in quanto vuole esprimere un dono divino che è irreversibile, la salvezza di Dio, in Gesù Cristo, come dono fatto alla Chiesa. Questi sono i disegni di Dio, le intenzioni divine, il progetto cristiano, l'istituzione cristiana del matrimonio.

Per essere questo segno di Dio, gli sposi cristiani riceveranno una grazia, un aiuto divino che li santifica, purificandoli (v. 26), che eleva la loro unione fino a fare del loro amore un amore gradito a Dio, perché sia santo e immacolato al suo cospetto (v. 27), grazia, che fissa il loro amore nell'amore stesso di Dio. Senza diminuire in nulla la dignità del matrimonio umano, la grazia battesimale lo trasforma nell'amore di Cristo, che unisce i coniugi in uno stesso amore, con la forza dello Spirito, per rivelare il suo amore di sposo verso la Chiesa: Sposo divino della Chiesa, Sposa di Dio.

Appunto perché è questo « sacramentum magnum » dell'amore salvifico di Dio in Gesù Cristo, Capo del Corpo mistico, il matrimonio è sacramento, segno e strumento della grazia divina; esso santifica gli sposi consacrando la loro unione; dà loro la forza di essere quello che sono, testimoni dell'amore di Dio con il segno della loro unione indissolubile nell'amore. E' appunto questo senso del matrimonio che nel testo suggerisce la sua sacramentalità: santificati dal battesimo, purificati nel loro amore, gli sposi, ministri del sacramento, restano per tutta la vita il segno di un dono eterno, e a questo fine ricevono la grazia del sacramento, che li unisce a Cristo di cui sono testimoni nella Chiesa, per manifestare al mondo la forza del suo amore. Senza dire esplicitamente che il matrimonio è sacramento, S. Paolo ci dà tutti gli elementi che ci fanno scoprire il suo valore sacramentale per i cristiani.

Conclusioni

Il matrimonio è un grande mistero. La rivelazione, che ce ne fa intravedere tutta la grandezza, non ci mostra comunque la profondità di ciò che esso è per Dio, come segno del suo amore. Tuttavia sappiamo che questa rivelazione contiene un invito: il ma-

Il mistero dell'amore e l'indissolubilità

trimonio cristiano sarà segno dell'amore indissolubile e indefettibile di Cristo per il suo Corpo, la Chiesa; amore dello Sposo per la sua Sposa e i suoi figli.

S. Paolo ha fatto vedere la continuità dell'opera divina, dalla Genesi sino alla fine dei tempi, segno anch'essa della fedeltà, della sapienza di Dio e senso irreversibile del suo amore.

Approfondendo questo mistero, come abbiamo indicato, ne notiamo tutte le dimensioni: Dio è amore; egli ha fatto l'uomo a sua immagine e l'amore umano riprende i ritmi dell'amore divino: amore reciproco degli sposi che, fecondo, riflette l'amore trinitario delle persone divine in un dono reciproco, fecondo e amato esso stesso come dono totale e senza riserve.

Quest'amore non sarebbe più a immagine dell'amore divino, se non fosse definitivo, perpetuo, indissolubile, per giungere a fissarsi nell'amore di Dio con la morte. L'indissolubilità del matrimonio riflette la perennità dell'amore divino che l'istituzione matrimoniale deve manifestare perché rimanga come il « sacramentum magnum » dell'amore divino per gli uomini salvati in Gesù Cristo.

Nella visione di Dio il segno « fragile » dell'amore divino, sacramento del matrimonio, cederà il posto a una realtà che la verginità consacrata imita e significa insieme, cercando fin da quaggiù di vivere al cospetto di Dio come figli di Risurrezione. Queste due vocazioni sono complementari nell'intelligenza dell'amore di Dio. Esse conoscono le stesse difficoltà: la loro perpetuità è messa in discussione, oggi, quando si vuol dare — come si fa — la priorità all'uomo, al suo sviluppo umano, senza passare attraverso le esigenze della salvezza che sono morte al peccato e al mondo per vivere in Dio il mistero del suo amore.

Questo è e resterà il profondo significato del matrimonio cristiano. Così l'ha compreso la Chiesa; così essa lo custodirà nella sua dottrina, anche se la vita cristiana non potesse conservare quella fedeltà che esige il dono di Dio e la testimonianza che egli si attende, sempre più viva, del suo amore nell'amore degli sposi cristiani e nella generosità della loro unione.

Urbano Navarrete, s. j.
Professore di diritto canonico matrimoniale

MATRIMONIO CRISTIANO E SACRAMENTO

Dottrina scomoda per la pastorale nel mondo secolarizzato di oggi

Il principio dottrinale dell'inseparabilità fra matrimonio-valido e matrimonio-sacramento di due battezzati è prospettato oggi come un ostacolo insormontabile per la creazione di un diritto matrimoniale e per l'applicazione di una pastorale del matrimonio che siano veramente rispondenti alle esigenze reali del mondo secolarizzato di oggi.

Si tratta infatti di un principio che trascende una grande gamma di problemi teologici, giuridici, sociologici e pastorali ai quali l'uomo moderno è particolarmente sensibile.

La teologia sacramentaria in questi ultimi tempi ha sottolineato sempre più l'importanza delle disposizioni soggettive nella recezione dei sacramenti, come reazione a un certo esagerato oggettivismo, che forse dava troppo peso all'efficacia « *ex opere operato* » di essi, quasi che fossero azioni magiche che producono il loro effetto all'insaputa del soggetto. In questa prospettiva si domanda se sia possibile che il sacramento del matrimonio possa essere amministrato e ricevuto da quei battezzati che non hanno nessun rapporto con la Chiesa, nessuna fede cristiana, nessuna volontà di dare al loro matrimonio una dimensione redentrice ed escatologica. Può essere segno ecclesiale dell'amore di Cristo alla Chiesa un matrimonio i cui contraenti ignorano assolutamente il Cristo e la Chiesa oppure non credono più in essi? Come è possibile trovare quel minimo di intenzione necessaria — « *facere quod facit Ecclesia* » — per poter amministrare e ricevere il sacramento del matrimonio in coloro che negano o forse rifiutano positivamente i sacramenti?

In riferimento al rispetto dovuto alla coscienza si domanda se sia giusto che i battezzati che non vogliono avere nessun rapporto con la fede cristiana si trovino nella situazione di non poter contrarre un matrimonio naturale valido senza che esso sia *ipso facto* sacramento. E' pensabile che Cristo abbia stabilito un ordine tale di provvidenza nel quale necessariamente al di là della volontà dei nubendi e dei poteri della Chiesa, il matrimonio dei battezzati non possa esistere come realtà naturale se non esiste a sua volta come realtà soprannaturale? Non è un controsenso giuridico privare del diritto ad una realtà terrestre così fondamentale quale è il matrimonio coloro fra i battezzati che non accettano, neppure implicitamente, quell'altra realtà soprannaturale che è il sacramento? Può essere vera una dottrina che sembra contenere tali controsensi?

Nel contesto socio-culturale di molti paesi di tradizione cristiana si presentano con frequenza al parroco dei fidanzati battezzati nella Chiesa cattolica, i quali dichiarano di non avere la fede, ma vogliono il matrimonio religioso per ragioni familiari o sociologiche. Essi personalmente preferirebbero solo il matrimonio civile, ma non osano opporsi all'ambiente, ancorato nella sopravvivenza di una tradizione religiosa che non riconosce come matrimonio vero se non quello religioso. E' giusto che la Chiesa si presti ad essere strumentalizzata per scopi così lontani dalla sua missione di salvezza e di testimone della verità? D'altra parte, nel diritto attualmente vigente, se la Chiesa non li ammette al matrimonio religioso, li priva praticamente del diritto al matrimonio, giacché il loro matrimonio civile è invalido per mancanza di forma. La Chiesa si trova nell'impossibilità pastorale di offrire a questi cristiani una soluzione comprensibile ed accettabile per loro. Infatti, oggettivamente — anche se la Chiesa togliesse l'obbligo della forma canonica — non può offrire che un dilemma: O nessun matrimonio oppure matrimonio-sacramento. Non c'è via di mezzo: O tutto (matrimonio-sacramento) o niente (matrimonio-invalido).

Dato poi il principio dell'indissolubilità del matrimonio rato (sacramento) e consumato, si crea un altro settore di problemi pastorali insolubili. La Chiesa ha il potere — e lo esercita dati determinati presupposti — di sciogliere il vincolo matrimoniale naturale (e cioè non sacramentale) anche se i coniugi hanno fatto uso dei loro diritti coniugali. Non può però sciogliere il matrimonio rato e consumato. Oggi dato che il divorzio civile è ammesso largamente nella maggior parte degli ordinamenti civili, si presentano con molta frequenza dei casi che potrebbero trovare una soluzione pastorale giusta se il primo matrimonio contratto fra due battezzati non-credenti fosse considerato un matrimonio soltanto naturale, non sacramentale. Se però il principio dell'inseparabilità fra matrimonio valido e sacramento nei battezzati non ammette delle eccezioni, questi casi non hanno soluzione. Il secondo matrimonio non potrà essere benedetto dalla Chiesa.

Reazione comprensibile

In questo momento storico di riflessione e di revisione della dottrina, del diritto e della pastorale matrimoniale, è ovvio che sia fortemente contrastato il principio dell'inseparabilità fra patto coniugale e sacramento che suscita tante difficoltà teoriche e pratiche.

Nel campo teorico si tende a sottovalutare il peso della storia sottolineando che la dottrina sull'inseparabilità fra patto coniugale e sacramento ha maturato partendo da un presupposto di fede nei nubendi e in un contesto di lotta fra la Chiesa e lo Stato per rivendicare la competenza sul matrimonio. Da questi fatti si vorrebbe trarre la conclusione che il principio dell'inseparabilità fra patto e sacramento sia valido soltanto nella prospettiva nella quale è stato visto fino ad oggi, e cioè nella ipotesi che i contraenti abbiano la fede cristiana. Non può però essere affermato con la stessa sicurezza riguardo a quei battezzati che non hanno più la fede e vivono senza nessun rapporto con la Chiesa. Lo stesso contesto di lotta Chiesa-Stato sembrerebbe il meno adatto per una maturazione teologica serena, lontana da ogni ingerenza di elementi politici contingenti.

Nel campo della pastorale non è mancato chi ha prospettato come « ipotesi di lavoro » una « terza via » per il matrimonio dei battezzati non-credenti. Secondo questa ipotesi di lavoro l'assenza di fede costituirebbe un *obex* che impedirebbe al battesimo di svolgere il suo ruolo specifico, quello cioè di trasformare la realtà umana dell'amore coniugale dei battezzati in sacramento. Un tale matrimonio rimarrebbe al livello di materia del sacramento con questo particolare, che il carattere battesimale implicherebbe per se stesso c o m e una *virtualità di sacramentalizzazione*. Tali matrimoni si troverebbero *in potenza prossima di diventare sacramento*, e perciò non del tutto assimilabili ai matrimoni degli infedeli, i quali si trovano in potenza remota. Così il matrimonio civile dei battezzati non-credenti non sarebbe più considerato come un semplice concubinaggio legalizzato civilmente, giacché avrebbe in se stesso una « ordinazione » verso una sacramentalizzazione futura, per una « reviviscenza » possibile dell'effetto del carattere battesimale, una volta tolto l'*obex*, cioè la non-credenza di tali battezzati [1].

I principi di una tale ipotesi di lavoro sembra stiano alla base di certi tentativi di introdurre una prassi pastorale nuova riguardo a quelle coppie di battezzati i quali pur affermando di non volere il sacramento, in cui forse non credono, vogliono tuttavia un rito religioso non sacramentale, dopo aver celebrato il matrimonio civile. La Chiesa le accoglie e si presta a questa cerimonia religiosa,

---

[1] J.-M. AUBERT, *Foi et Sacrement dans le Mariage*, in: *La Maison-Dieu*, 104 (1970) 140.

nella speranza che essa sia un primo passo verso il matrimonio sacramento, al quale si arriverebbe dopo un lungo periodo di catecumenato matrimoniale [2]. Si parla pure di una celebrazione sacramentale progressiva e per tappe, evocando con nostalgia la distinzione grazianea di *matrimonium initiatum* e *matrimonium perfectum* [3].

In questo movimento di revisione dottrinale e pastorale, la maggior parte della letteratura al riguardo insiste prevalentemente nel mettere in luce i punti deboli della dottrina tradizionale. Pochi si sono preoccupati di approfondire il suo fondamento teologico. Così mentre si ripetono « *opportune et importune* » le difficoltà che suscita tale dottrina e si sottolinea con insistenza la contingenza delle circostanze storiche che stimolarono la esplicitazione di essa fino alla formulazione del can. 1012 § 2, la teologia forse ha insistito meno di quanto era necessario nell'approfondire i fondamenti dottrinali che stanno alla base e che con il progresso generale della teologia del matrimonio nel periodo postconciliare potrebbe trovare una fondazione più solida di quanto non abbia trovato nel passato.

Complessità del problema

La tesi dell'identità fra contratto e sacramento nel matrimonio cristiano suppone una elaborazione dottrinale matura dei due termini della questione — *contratto* e *sacramento* — e tende ad esprimere in schemi scientifici la fede della Chiesa secondo cui il matrimonio dei battezzati è uno dei sette sacramenti.

In questa tesi si sintetizzano due problematiche molto complesse. La prima di carattere filosofico-giuridico; la seconda strettamente teologica.

Innanzi tutto la riflessione filosofico-giuridica doveva dare una risposta scientifica alla questione sul processo dinamico per cui viene costituito il matrimonio nella sua realtà naturale. Il matrimonio nel suo « *fieri* » in che cosa consiste? Quale è la natura dell'atto o degli atti per cui viene costituito nei suoi elementi essenziali? Consiste soltanto nel consenso degli sposi? E' necessario l'intervento dell'autorità pubblica? E' pure necessaria la consumazione?

---

[2] *Nuova esperienza pastorale in Francia*, in: *Il Regno, Documenti*, n. 306 (1 apr. 1975) 153-154.

[3] M. LEGRAIN, *Essai de diagnostic*, in: *Foi et Sacrament de Mariage*, Lyon 1974, pp. 20-21.

La teologia, dal canto suo, risolto il problema di accertare se il matrimonio è un sacramento in senso stretto, doveva determinare il rapporto che corre fra realtà naturale del matrimonio e sacramento. Il sacramento è la realtà stessa naturale del matrimonio assunta a segno efficace di grazia? E' forse qualche cosa che si aggiunge al matrimonio naturale già costituito? E' separabile da esso nei battezzati? Sono liberi i contraenti battezzati di fare un matrimonio soltanto naturale se non vogliono il sacramento?

« Consensus facit nuptias »

I canonisti e i teologi della prima scolastica, verso la metà del XII sec., affrontano con formidabile coraggio il problema di determinare il momento costitutivo del vincolo matrimoniale.

Dai secoli passati erano arrivati loro fragmentari e confusi vestigi di due concezioni diverse: quella *consensualistica*, ispirata al diritto romano, secondo cui il consenso è l'unico elemento effettivo del matrimonio (« *consensus facit nuptias* »), e quella *realistica*, ispirata ai diritti dei popoli germanici, secondo cui, oltre il consenso, si esige la copula coniugale perché il matrimonio sia pienamente costituito (« *consensus traditione mulieris firmatus facit nuptias* »).

Queste due correnti di pensiero si polarizzarono nella *schola parisiensis* e nella *schola bononiensis,* con a capo i rispettivi grandi Maestri Pietro Lombardo e Graziano.

Secondo il Lombardo e la sua scuola, il matrimonio viene costituito unicamente e totalmente dal consenso delle parti. Perciò il matrimonio contratto col consenso attuale (*de praesenti*) è pienamente costituito prima della consumazione, e se si tratta di matrimonio cristiano è perfetto sacramento e assolutamente indissolubile. La consumazione non aggiunge nessuna ulteriore saldezza al vincolo matrimoniale. Essa ha rilevanza soltanto nella linea del simbolismo mistico, se si tratta di matrimonio-sacramento.

Per Graziano e la scuola di Bologna, invece, il matrimonio non è pienamente costituito se non è consumato. Il consenso, prima della consumazione, dà origine soltanto ad un *matrimonium initiatum,* non ancora sacramento e dissolubile anche se si tratta di matrimonio cristiano. Questo matrimonio iniziato diventa *matrimonium perfectum* e — se si tratta di battezzati — sacramento e assolutamente indissolubile nel momento della sua consumazione mediante la copula coniugale.

Verso la fine del XII sec. si era arrivati già alla sintesi dottrinale che d'allora fino ad oggi è stata sempre insegnata e propugnata dal Magistero Ordinario della Chiesa, sta alla base della legislazione canonica e della giurisprudenza ecclesiastica ed ha costituito l'insegnamento comune dei teologi e canonisti, quasi senza nessuna voce discordante. Ci interessa sottolineare alcuni aspetti di questa sintesi.

1. L'unica causa efficiente del matrimonio è il consenso delle parti legittimamente manifestato (teoria consensualistica). Il vincolo matrimoniale sorge nei suoi elementi essenziali nel momento dello scambio legittimo dei consensi. La consumazione non è elemento essenziale nella costituzione del matrimonio. Ciononostante — se si tratta di matrimonio cristiano — non è irrilevante agli effetti giuridici e teologici. Per essa infatti il matrimonio-sacramento ottiene l'indissolubilità assoluta e il simbolismo mistico perfetto in quanto immagine del connubio di Cristo con la Chiesa.

2. Il consenso viene visto ed affermato come consenso di natura contrattuale. Infatti è un atto di volontà, legittimamente manifestato, il quale crea o produce il vincolo matrimoniale, che vincola l'uomo e la donna con rispettivi diritti ed obblighi di natura strettamente giuridica. Questo effetto sussiste, una volta prodotto, indipendentemente dalla volontà dei contraenti. Una volta creato « non dipende più dall'arbitrio dell'uomo » (G. S., n. 48). Si tratta di una concezione totalmente diversa da quella che i romanisti moderni (a partire da Manenti, 1888) danno al consenso matrimoniale nel diritto romano. Secondo questa interpretazione dei romanisti moderni, del resto fortemente contestata ai nostri giorni [4], il consenso matrimoniale, almeno nel diritto romano classico, non era un atto transeunte di volontà, ma un atteggiamento permanente, un *consensus continuus* (*affectio maritalis*), nel senso che il matrimonio in tanto perseverava in vita in quanto continuava la volontà delle parti di voler essere marito e moglie. Cessata questa volontà il matrimonio moriva per se stesso. Questa concezione del consenso matrimoniale è totalmente estranea a tutta la tradizione canonistica e teologica sulla natura e causalità del consenso matrimoniale.

3. Data questa visione della natura e causalità del consenso matrimoniale, la dottrina canonistica e teologica non ha dubitato di applicare, sin dall'inizio della scolastica, il termine *contratto* e

---

[4] Cf. O. ROBLEDA, *El matrimonio en Derecho Romano*, Roma 1970, pp. 130 ss.

la dottrina contrattualistica allo scambio legittimo del consenso, pur notando accuratamente le peculiarità del matrimonio riguardo agli altri contratti. Il termine «*contratto*» diventa comune per designare il momento costitutivo del matrimonio.

4. La teoria contrattualistica applicata all'atto costitutivo del matrimonio si rafforza con l'introduzione della forma canonica nel Concilio di Trento (il contratto matrimoniale diventa un *contractus formalis*), e sta alla base in tutta la controversia Chiesa-Stato dei secoli 17-18 riguardo alla competenza sul matrimonio. Il termine «*contratto*» è quasi l'unico che si adopera sia negli autori sia nei documenti del Magistero, sempre che si vuole contrapporre la realtà umana del matrimonio al sacramento.

5. Prescindendo da qualsiasi ulteriore possibile controversia, il termine «*contratto*» deve essere compreso nel senso indicato, specie nei documenti del Magistero. Si tratta di un termine comune e consueto che non viene spiegato perché il suo significato si suppone conosciuto. Con esso si indica semplicemente il momento costitutivo del matrimonio, l'atto giuridico per cui si crea il matrimonio.

Sacramentum est ipse contractus matrimonialis

Acquisita nel medio evo la piena coscienza della sacramentalità del matrimonio cristiano e superate le dispute sulla formazione del vincolo matrimoniale, si arrivò facilmente alla sentenza secondo cui la *ratio sacramenti* si identifica con il *consensus de praesenti* vale a dire, con la manifestazione legittima del consenso matrimoniale. Data poi l'applicazione della teoria contrattualistica sempre più elaborata a questo atto costitutivo del matrimonio, si concluse senza grandi controversie che il sacramento del matrimonio è la stessa realtà del contratto naturale, assunta da Cristo a segno efficace di grazia. La dottrina della identità reale fra contratto (*matrimonio in fieri*) e sacramento divenne comune.

Questa tesi però comporta soltanto l'inseparabilità fra contratto e sacramento nel senso che non può sussistere il sacramento senza il contratto. Per sè lascia aperta la possibilità che sia possibile fra battezzati un contratto matrimoniale valido senza che esso sia sacramento.

Infatti mentre per l'inseparabilità nel primo senso non ci furono mai voci discordanti fra i teologi cattolici, ce ne furono invece non poche fino al XVIII sec. riguardo all'inseparabilità presa nel secondo senso.

Le sentenze che nel corso dei secoli sostennero la possibilità che ci sia fra battezzati un contratto matrimoniale valido senza sacramento si possono ridurre a tre correnti di pensiero. Tutt'e tre le correnti partono da presupposti che poi sono riscontrati privi di fondamento. Nel fondo si trova come elemento comune un voler applicare al sacramento del matrimonio alcuni principi validi per altri sacramenti, ma che non hanno applicazione nel sacramento del matrimonio, tenuto conto delle sue grandi peculiarità.

Una considerevole schiera di teologi, a cui fa capo Duns Scoto († 1308), non ammetteva che il sacramento del matrimonio potesse essere amministrato *inter absentes*. D'altra parte non si poteva mettere in discussione — almeno fino al Concilio di Trento che introdusse l'obbligo della forma canonica — la validità del contratto concluso *per procuratorem, per litteras* o *per nuntium*. La conclusione si imponeva: in questi casi esiste il matrimonio in quanto contratto naturale; non esiste però in quanto sacramento.

La separabilità fra contratto e sacramento fu affermata da un'altra corrente di teologi, come una conclusione della tesi secondo cui il ministro del sacramento del matrimonio è il sacerdote, la forma le parole della benedizione del rito liturgico, e la materia il contratto naturale. Questa sentenza, iniziatasi confusamente nel medio evo, trovò in M. Cano († 1560) il suo più valido e convinto sostenitore ed elaboratore. Dopo M. Cano, nonostante l'abuso che di essa fecero i regalisti, trovò sostenitori — almeno per quanto riguarda il ministro — fino alla metà del XIX sec. Secondo questa sentenza fra battezzati il contratto può essere valido anche se non diventa sacramento per mancanza della forma sacramentale che è la benedizione del sacerdote.

Finalmente un terzo gruppo di teologi, fra cui forse il principale fu il Billuart († 1757), opinarono che dipendeva dalla libera volontà dei nubendi il contrarre soltanto il matrimonio naturale oppure il matrimonio-sacramento.

Contro queste correnti minoritarie della teologia cattolica, prevalse sempre come dottrina comune quella che sosteneva che fra battezzati non può darsi valido contratto senza sacramento. Il sacramento segue le vicissitudini del contratto. Può essere contratto *inter absentes* (*per procuratorem, per litteras, per nuntium*); la forma sacramentale non è un elemento estrinseco al contratto; i ministri sono i contraenti; l'intenzione prevalente di non ricevere il sacramento rende impossibile l'intenzione di fare il contratto.

Riguardo a questo problema è notevole per il suo significato l'atteggiamento della Commissione Preparatoria del Concilio Vat. I sul matrimonio. Può dirsi che essa centrò la sua attenzione, sotto il punto di vista dottrinale, sul problema dell'inseparabilità fra contratto e sacramento. Durante gli studi preparatori la Commissione era persuasa che la dottrina dell'inseparabilità era matura per una definizione dommatica. In questo senso preparò schemi di canoni che contenevano la definizione dommatica di diversi aspetti del problema. Soltanto alla fine, per l'opposizione tenace di uno dei suoi membri, la Commissione decise che la materia non era definibile [5]. Poiché il Concilio non ebbe tempo di trattare del matrimonio, non sappiamo quale sarebbe stata la sua posizione al riguardo. Possiamo però ragionevolmente congetturare che non ci sarebbe stata nessuna definizione dommatica, dato che c'era stata una corrente autorevole di teologi cattolici, anche postridentini, che avevano difeso la separabilità fra contratto e sacramento nel matrimonio cristiano. Probabilmente però tenuto conto delle polemiche del tempo, ci sarebbe stata una proposizione autentica della dottrina dell'inseparabilità.

Il Magistero

Il Magistero si pronuncia sulla dottrina dell'inseparabilità fra contratto e sacramento in un contesto storico di negazione della sacramentalità del matrimonio cristiano oppure di lotta fra la Chiesa e lo Stato per rivendicare la competenza sul matrimonio. Questa materia non costituisce una eccezione nella storia. Sappiamo infatti che di solito sono state le deviazioni dottrinali a stimolare il Magistero a pronunciarsi in modo autoritativo sulla dottrina da tenere.

I riformatori protestanti del sec. XVI negavano la sacramentalità del matrimonio, risolvendo così il problema nella sua radice. Le tendenze ideologiche e politiche del gallicanesimo, febronianesimo e giuseppinismo, nei secc. XVII-XVIII, trovarono nella distinzione fra contratto e sacramento — soprattutto nella teoria di M. Cano — il fondamento teorico per attribuire allo Stato la competenza assoluta sul matrimonio in quanto contratto, lasciando

---

[5] Cf. E. CORECCO, *Il Sacerdote Ministro del matrimonio? Analisi del problema in relazione alla dottrina dell'inseparabilità tra contratto e sacramento nei lavori del Concilio Vaticano I*, in: *La Scuola Cattolica*, 98 (1970) 427-476.

alla Chiesa soltanto la competenza sullo stesso in quanto sacramento. Il contratto naturale regolato dallo Stato è come la materia del sacramento. Il sacramento è una realtà che si aggiunge accessoriamente al matrimonio già contratto secondo la legge civile [6].

Questa teoria prepara il terreno per l'introduzione nel mondo cattolico del matrimonio civile, dopo la rivoluzione francese. Lo Stato si attribuisce assolutamente la competenza sul matrimonio, come sulle altre realtà terrestri, ignorando del tutto la sua sacramentalità.

In questo modo, il processo di secolarizzazione del matrimonio, iniziatosi nel seno della cristianità nel XVI sec. col movimento riformista protestante, si sviluppa sensibilmente nei sec. XVII e XVIII, in occasione della controversia regalista, e raggiunge la sua completa vittoria nel XIX sec. con la promulgazione del codice napoleonico e di tutti gli altri codici ad esso ispirati. La dinamica però di tutto questo lungo e travagliato processo poggia sulla negazione del carattere sacramentale del matrimonio (mondo protestante) oppure sulla teoria della distinzione reale fra contratto e sacramento (mondo cattolico).

Contro i riformatori protestanti la Chiesa reagì nel Concilio di Trento pronunciando la definizione dommatica della sacramentalità del matrimonio cristiano [7]; contro la teoria della distinzione fra contratto e sacramento la reazione del Magistero della Chiesa fu assai tardiva e probabilmente non ci sarebbe stata se la teoria non avesse servito di base dottrinale per trarre conseguenze pratiche di così grave portata quali furono quelle che i regalisti e più tardi i liberali tentarono di trarre.

Sempre nel contesto di rivendicare alla Chiesa la competenza sul matrimonio cristiano, i Romani Pontefici, a partire da Pio VI [8] si pronunciano in forma sempre più chiara ed esplicita sull'inseparabilità nel matrimonio cristiano fra contratto e sacramento, negando recisamente che il sacramento sia qualcosa di accessorio che si aggiunga al matrimonio già validamente celebrato secondo la legge civile. Pio IX condanna varie proposizioni al riguardo [9]. Con

---

[6] Sull'argomento presenta una buona sintesi, ricca di riferimenti bibliografici, E. CORECCO, *art. cit.*, pp. 361-367.

[7] CONC. TRIDENT., sess. 24, can. 1: DENZ.-SCHÖNM., 1801.

[8] PIO VI, Lett. Apost. *Deessemus Nobis*, ad Episc. Molutensem, 16 sett. 1788: DENZ.-SCHÖNM., 2598.

[9] Cf. DENZ.-SCHÖNM., 2966, 2973. Cf. anche Lett. Apost. *Ad Apostolicae*, 22 agosto 1851: GASPARRI, *Fontes*, II, 858-859; Epist. *La Lettera*, 9 sett.

Leone XIII la dottrina arriva alla sua formulazione precisa [10] accolta poi nel can. 1012 § 2 e ripetuta da Pio XI nell'enciclica «*Casti connubii*» [11].

Tenuto conto della tradizione e di questi documenti del Magistero, i teologi danno come nota teologica a questa dottrina, quella di *dottrina cattolica*, vale a dire che si tratta di una verità certa, insegnata come tale dal Magistero della Chiesa, ma non proposta da esso come verità definita [12].

Matrimonio cristiano e segno sacramentale

Il Magistero e i teologi insistono nell'affermare l'inseparabilità fra matrimonio valido e sacramento; generalmente però dedicano scarso sforzo al tentativo di penetrare nell'insondabile mistero dei disegni di Dio per cogliere le ragioni di un tale piano di salvezza secondo cui i battezzati non siano liberi di poter realizzare la realtà umana del matrimonio senza che allo stesso tempo realizzino un gesto sacramentale.

Ciò nonostante c'è una ragione che più o meno esplicitamente si presuppone in ogni ragionamento. Questa ragione è proprio il fatto di essere stata assunta da Cristo a segno sacramentale la stessa realtà naturale del matrimonio, per la sua capacità simbolica di alleanza d'amore e di fedeltà. Perché questa realtà umana possa avere un tale simbolismo strettamente sacramentale si presuppone il battesimo, giacché è il presupposto basico — la porta — di tutti gli altri sacramenti. Dato questo presupposto, il patto coniugale valido ha sempre la dimensione soprannaturale di essere segno efficace di realtà salvifiche ed escatologiche, indipendentemente dalla volontà e dalle disposizioni soggettive dei nubendi. Di solito l'argomentazione procede come nel canone 1012. Dalla premessa che Cristo elevò alla dignità di sacramento la realtà naturale del

---

1852: *Fontes*, II, 869-870; Alloc. *Acerbissimum*, 27 sett. 1852: *Fontes*, II, 877; Epist. *Tuae litterae*, 1 dec. 1875: *Fontes*, II, 97-98.

[10] Cf. Enc. *Arcanum*, 10 feb. 1880: *Acta*, II, 25-26; Cf. anche Enc. *Inscrutabili*, 21 apr. 1878: *Acta*, I, 54; Enc. *Quod Apostolici*, 28 dec. 1878: *Acta*, I, 177-178; Litt. *Ci siamo*, 1 genn. 1879: GASPARRI, *Fontes*, III, 132-133; Litt. *Il divisamento*, 8 feb. 1893: *Acta*, XII, 37-40; Alloc. *In litteris*, 18 mar. 1895: *Acta*, XV, 74-75; Epist. *Quam religiosa*, 16 agosto 1898: *Acta*, XVIII, 142-143; Alloc. *Afferre iucundiora*, 16 dec. 1901: *Acta*, XXI, 186; Epist. *Dum multa*, 24 dec. 1902: *Acta*, XXII, 261.

[11] A.A.S., 22 (1930) 552.

[12] Cf. P. ADNÈS, *Le Mariage*, Tournai 1963, p. 145.

matrimonio, si trae la conseguenza che fra battezzati non può esistere un patto coniugale valido che non sia *ipso facto* sacramento.

Fra i documenti del Magistero è senza dubbio l'enciclica «*Arcanum*» di Leone XIII quello che più si sofferma nell'evolvere l'argomento. Vale la pena di raccogliere le sue parole: «... tale distinzione (fra contratto e sacramento), o piuttosto separazione, non può essere accettata, giacché consta che nel matrimonio cristiano il contratto non è dissociabile dal sacramento, in modo che non può esistere un vero e legittimo contratto, senza che sia *ipso facto* sacramento. Infatti Cristo Signore arricchì (*auxit*) con la dignità di sacramento il matrimonio; ora il matrimonio è il contratto stesso, pur che sia legittimamente fatto. A questo si aggiunge che il matrimonio è sacramento perché è un segno sacro ed efficace di grazia e rappresenta l'immagine delle nozze mistiche di Cristo con la Chiesa. Ora la forma e figura di queste nozze viene espressa da quello stesso vincolo di somma congiunzione col quale si vincolano fra di loro l'uomo e la donna, il quale altro non è che il matrimonio stesso. Così è chiaro che ogni legittimo coniugio fra cristiani in sé e per sé è sacramento, e che niente è più lontano dalla verità che l'affermare che il sacramento sia un ornamento aggiunto al matrimonio oppure una proprietà venutagli estrinsecamente, che possa essere disgiunta e separata dal contratto secondo l'arbitrio degli uomini »[13].

L'accento dell'argomentazione è tutto sull'ordine oggettivo, vale a dire sul fatto che Cristo ha assunto a segno efficace di grazia la realtà stessa umana del matrimonio, dando a questa realtà, nel sacramentalizzarla, oltre a quel simbolismo proprio di ogni sacramento riguardante la grazia invisibile che sta a significare e produrre, un altro simbolismo estrinseco di fondamentale portata nella storia della salvezza, e cioè l'alleanza sponsalizia di Cristo con la Chiesa, sua Sposa, per il mistero dell'incarnazione, morte e risurrezione del Redentore. Si tratta di un ordine oggettivo, profondamente teologico, nel quale, dati i presupposti ontologici indispensabili — battesimo e patto coniugale valido —, i fattori soggettivi non hanno incidenza per distruggere l'ordine oggettivo di sacramentalità, stabilito da Cristo per il matrimonio di quelli che sono stati rigenerati in Lui mediante il battesimo. E' chiaro che senza le disposizioni soggettive necessarie il sacramento non espleterà la sua efficacia santificatrice per i nubendi; ma questo non toglie la sacramentalità fondamentale del patto coniugale dei

---

[13] LEONE XIII, Enc. *Arcanum*, 18 feb. 1880: *Acta*, II, 25-26.

due battezzati. Questo sta a simboleggiare il patto d'amore e fedeltà di Cristo con la Chiesa nonché la carità soprannaturale dei nubendi, pur se, per il momento, non la produce perchè l'ostacola l'*obex* costituito dalla mancanza dei requisiti soggettivi necessari da parte dei nubendi.

L'uomo battezzato nuova creatura

Questa dottrina dell'inseparabilità fra patto coniugale e sacramento nei battezzati non è comprensibile se non viene inquadrata nell'insieme meraviglioso di trasformazioni operate nell'uomo dal battesimo, e che costui non può distruggere completamente anche se le vicissitudini del suo pellegrinaggio terrestre lo portano a perdere la fede od addirittura a rinnegare Cristo e la sua Chiesa.

L'uomo infatti una volta consacrato alla Trinità per il battesimo, rimane consacrato in eterno. La sua inserzione in Cristo, la sua filiazione adottiva, la sua rigenerazione — *nova creatura* —, il suo consorzio con la natura divina — *consors divinae naturae* —, la sua partecipazione al sacerdozio di Cristo, la sua capacità di ricevere gli altri sacramenti, sono realtà indistruttibili, come lo è il carattere battesimale che sta alla base.

Ora, se si tiene conto di queste realtà ontologiche soprannaturali, possiamo riuscire ad intravedere l'unità, bellezza e profondità dell'ordine stabilito da Dio riguardo al matrimonio dei battezzati. « Così come la persona umana *in quanto tale* rimane immersa nell'Alleanza Cristo-Chiesa per il battesimo, così pure la stessa persona umana, *in quanto uomo o donna,* e cioè sessualmente considerata, rimane pure immersa in quella stessa Alleanza per il matrimonio-Sacramento. La sacramentalità del matrimonio è come un effetto formale o conseguenza immediata del battesimo dei due contraenti. Il battesimo dell'uomo e della donna, nel sommergere oggettivamente le loro persone nell'Alleanza Nuova, fa altrettanto con la loro unione coniugale, convertendola in segno efficace di quella stessa Alleanza »[14].

Il matrimonio cristiano partecipazione del patto Cristo-Chiesa

Nella stessa linea si muove il Vaticano II quando dice che il matrimonio è « immagine e partecipazione del patto d'amore di

---

[14] M. MARTINEZ CAVERO, *Los matrimonios mixtos: Nuevos aspectos,* in: *Burgenses,* 16 (1957) 281-282.

Cristo e della Chiesa» (G. S., n. 48), aggiungendo all'idea di immagine o simbolo — comune nella tradizione e negli insegnamenti del Magistero — la novità di esplicitare l'idea *di partecipazione* del patto Cristo-Chiesa.

E' evidente che la realtà che Cristo ha assunto ad immagine e partecipazione del suo connubio d'amore con la Chiesa non è la convivenza — anche se permeata d'amore (coniugale) — vissuta esistenzialmente fra un uomo e una donna; e neppure il fatto che i due coniugi vivano con pienezza la loro vita cristiana e la loro vita coniugale e famigliare secondo la loro condizione di coniugi cristiani.

La mera convivenza di fatto anche se vissuta nell'amore reciproco è piuttosto un contro-segno, una contro-immagine, un contro-testimonio, dell'amore di Cristo alla Chiesa, giacchè costituisce una situazione non conforme ai principi della morale cristiana.

Il mero fatto di vivere con perfezione la loro vita di coniugi cristiani non costituisce un segno, una immagine, del patto d'amore di Cristo e della Chiesa, ma è semplicemente una conseguenza del sacramento, una risposta alle esigenze derivanti dal fatto che il matrimonio cristiano è un sacramento.

La realtà che Cristo ha assunto per elevarla ad immagine e partecipazione del suo patto d'amore con la Chiesa è proprio il «*foedus coniugii*», il patto coniugale, vale a dire il patto d'amore e di fedeltà in virtù del quale un uomo e una donna per un atto libero di volontà irrevocabile si impegnano alla comunità di vita e d'amore in ordine alla procreazione, costituendo così fra di loro una alleanza d'amore e di fedeltà, un «*vinculum sacrum*», che mantiene in vita il loro impegno indipendentemente dalle susseguenti vicissitudini del proprio arbitrio (cfr. G. S., n. 48).

I nubendi battezzati che mettono in essere questo patto di amore e di fedeltà *ipso facto* compiono un gesto che ontologicamente per istituzione di Cristo è immagine e partecipazione del patto d'amore e di fedeltà di Cristo e della Chiesa. Le disposizioni spirituali soggettive dei nubendi non hanno incidenza in questo ordine profondo di realtà salvifiche ed escatologiche stabilito da Cristo. Quelle disposizioni hanno influsso soltanto in ordine agli effetti di santificazione attuale personale dei contraenti. Come capita con altri sacramenti, possono mancare le disposizioni soggettive necessarie per riceverlo fruttuosamente, e ciò nonostante essere presenti quelle indispensabili per riviverlo validamente.

Grazia che perfeziona l'amore naturale

Pensiamo che si possa arrivare alla stessa conclusione prendendo in considerazione un altro aspetto della stessa realtà, fortemente sottolineato dal Magistero, partendo dal testo fondamentale di Paolo agli Efesini: «mariti, amate le vostre mogli, come anche Cristo ha amato la Chiesa e si è offerto per essa, onde santificarla... Questo mistero è grande, in rapporto, io intendo dire, a Cristo e alla Chiesa» (Eph., 5, 25 e 35).

Già il Concilio di Trento insegna a questo proposito che Cristo ci meritò con la sua passione «la grazia *che perfeziona* (perficere) *l'amore naturale*...» proprio degli sposi [15]. La stessa idea la ripetono Leone XIII nell'enciclica «*Arcanum*» [16] e Pio XI nella «*Casti connubii*» [17]. Il Vaticano II al verbo *perfezionare* aggiunge i verbi *sanare* ed *elevare*: «Il Signore si è degnato di sanare, perfezionare ed elevare questo amore con uno speciale dono di grazia e carità» (G. S., n. 49). Questa azione che sana, perfeziona ed eleva l'amore coniugale, il Signore la attua mediante il sacramento, come consta dal contesto dei testi citati e dai lavori della Commissione Conciliare [18].

Lo stesso Concilio Vaticano II, nel paragrafo dedicato al matrimonio in quanto sacramento, mette l'accento principalmente sull'azione trasformatrice di Cristo mediante il Sacramento riguardo all'amore coniugale: «Cristo ha effuso l'abbondanza delle sue benedizioni su questo amore molteplice, sgorgato dalla fonte della divina carità, ad immagine della sua unione con la Chiesa. Infatti, come un tempo Dio venne incontro al suo popolo con un patto di amore e fedeltà, così ora il Salvatore degli uomini e sposo della Chiesa, viene incontro ai coniugi cristiani attraverso il sacramento del matrimonio. Inoltre rimane con loro perché, come Egli stesso ha amato la Chiesa e si è dato per lei, così anche i coniugi possano amarsi l'un l'altro fedelmente, per sempre, con mutua dedizione. L'autentico amore coniugale è assunto nell'amore divino ed è sostenuto e arricchito dalla forza redentiva del Cristo e dalla azione salvifica della Chiesa, perché i coniugi, in maniera efficace, siano condotti a Dio e siano aiutati e rafforzati nello svolgimento

---

[15] CONC. TRIDENT., sess. 24: DENZ.-SCHÖNM., 1799.
[16] Cf. LEONE XIII, *Acta*, II, 16.
[17] Cf. A.A.S., 22 (1930) 554.
[18] Cf. NAVARRETE, *Structura iuridica matrimonii secundum Conc. Vat. II*, Roma 1968, p. 122, nt. 186.

della sublime missione di padre e madre. Per questo motivo i coniugi cristiani sono corroborati e quasi consacrati da uno speciale sacramento per i doveri e la dignità del loro stato ... » (G. S., n. 48).

Se si prendono nel suo insieme tutti questi profondi insegnamenti del Magistero riguardo all'azione trasformatrice dell'amore coniugale operata mediante l'azione salvifica di Cristo che ha voluto assumere il matrimonio, patto di amore e fedeltà, a segno efficace di grazia, difficilmente si può comprendere che Cristo abbia stabilito altre condizioni oltre il battesimo e il matrimonio valido per attuare ontologicamente questa trasformazione elevatrice dell'amore coniugale. Le altre condizioni soggettive riguardano soltanto l'ordine della santificazione attuale personale dei contraenti; non toccano però l'ordine più profondo dell'azione sacramentale di Cristo, operata nella sua Chiesa mediante il ministero di quei suoi figli — pur se peccatori, ignoranti e senza fede attuale — che attuano il loro amore coniugale con un patto naturalmente valido e giuridicamente efficace. Esigere altre condizioni — oltre il battesimo e il matrimonio valido — sarebbe, sembra, ridurre il disegno salvifico di Cristo — che appare grandioso nella sua unità e nella sua universalità ecclesiale — ad una casistica inesauribile e incomprensibile.

Sacerdozio comune dei battezzati

Il carattere battesimale, indelebile ed irripetibile, configura l'uomo a Cristo definitivamente. Il battezzato è un consacrato, un sacerdote configurato a Cristo per la partecipazione al suo sacerdozio. Nessuna vicenda della esistenza umana può cancellare questa sublime realtà. In forza di questa consacrazione fondamentale, l'uomo viene radicalmente inserito nel popolo sacerdotale e reso radicalmente capace di compiere quegli atti di culto della Nuova Alleanza, per i quali non si richiede il sacerdozio ministeriale. Fra questi atti cultuali occupano un posto eminente l'amministrazione e la recezione dei sacramenti. Il battezzato è soggetto radicalmente capace di ricevere tutti gli altri sacramenti e di essere ministro di essi, secondo la natura dei diversi sacramenti e il suo grado gerarchico nel sacerdozio.

Per amministrare e ricevere validamente il sacramento del matrimonio basta la partecipazione ontologica nel sacerdozio di Cristo mediante il battesimo. Il battezzato ha in sé, in modo irrinunciabile ed incancellabile la capacità sacerdotale necessaria per essere ministro e soggetto del sacramento del matrimonio.

D'altra parte, come abbiamo detto sopra con parole del Concilio, « l'autentico amore coniugale è assunto nell'amore divino ed è sostenuto e arricchito dalla forza redentiva del Cristo e dell'azione salvifica della Chiesa ... Per questo motivo i coniugi cristiani sono roborati *e quasi consacrati* da uno speciale sacramento ... ».

Ora è evidente che pure i cristiani peccatori e quelli che non hanno nessun rapporto esteriore con Cristo e con la Chiesa (i noncredenti), hanno « *l'autentico amore coniugale* », che si esprime nell'atto di reciproca donazione propria del patto coniugale. A mio avviso, sarebbe un controsenso se Cristo avesse stabilito un tale ordine di provvidenza, secondo cui l'autentico amore coniugale di questi battezzati — incancellabilmente consacrati a Lui e partecipi ontologicamente del suo sacerdozio — non fosse assunto nell'amore divino e arricchito dalla forza redentiva del Cristo e dalla azione salvifica della Chiesa. Pure questi coniugi cristiani— anche se peccatori, anche se lontani, forse senza colpa, da ogni rapporto esterno con il Cristo e con la Chiesa — hanno quella esigenza ontologica radicata nel carattere battesimale di essere « roborati e quasi consacrati da uno speciale sacramento ... ».

E' tutto un piano grandioso di elevazione dell'autentico amore coniugale dei rigenerati in Cristo — partecipi irrinunciabili del suo sacerdozio — che fa sì che il « *foedus coniugale* », vale a dire l'irrevocabile consenso personale di donazione ed accettazione definitiva di se stessi, come marito e moglie, sia a sua volta un atto di culto della Nuova Alleanza, uno dei sette gesti fondamentali di culto stabiliti da Cristo nell'economia del Nuovo Testamento.

Fede e intenzione nel ministro dei Sacramenti

Ogni sacramento ha la sua indole propria, in modo che è appena possibile trovare aspetti comuni a tutti, tranne alcune note generalissime che giustificano l'applicazione univoca a tutti di alcuni concetti. Questo vale in modo particolare del Matrimonio. Molte delle difficoltà che spesso si muovono riguardo a questo sacramento provengono dal fatto che si ha uno schema preconcetto troppo stretto di quello che è un sacramento, quasi che Cristo fosse stato tenuto a strutturare i suoi segni salvifici secondo la limitata larghezza dei nostri schemi concettuali.

Sappiamo che la fede attuale non è un requisito necessario per poter amministrare e ricevere validamente i sacramenti, almeno alcuni di essi. Il battesimo può essere amministrato da un pagano non-credente, e può essere ricevuto da un bambino incapace di atti umani. La fede dunque nel ministro o nel soggetto dei sacramenti non è un requisito postulato dalla natura stessa dei sacramenti.

Invece è un requisito indispensabile l'intenzione del ministro. Il grado minimo d'intenzione o di esplicitazione dell'intenzione necessaria dipende dalla natura di ciascuno dei sacramenti. Tutti però, tranne il matrimonio, esigono l'intenzione esplicita di applicare la materia e la forma per costituire il segno sacramentale, altrimenti il gesto non verrebbe specificato come sacro. Il battesimo, ad esempio, non è una abluzione comune; ma una abluzione (materia: elemento indeterminato) che viene determinata dalle parole (forma: elemento determinante) per costituire il segno sacramentale. Negli altri sacramenti (tranne il matrimonio) il segno sacramentale non preesiste al sacramento, neppure come realtà profana. Nel matrimonio, invece, Cristo ha elevato a segno efficace di grazia sacramentale la stessa realtà naturale del patto coniugale. Perciò chi intende efficacemente contrare valido matrimonio, *ipso facto* ha l'intenzione completa necessaria per mettere in atto il segno sacramentale, giacché questo non è altro che lo stsesso contratto naturale assunto da Cristo a sacramento. Da questo fatto si deducono conseguenze di enorme portata riguardo alla struttura peculiarissima di questo sacramento.

Nel diritto canonico sono accettati e regolati il matrimonio per procura (can. 1089), il matrimonio condizionato (can. 1092), il matrimonio celebrato in forma straordinaria, senza la presenza del sacerdote (can. 1098), la sanazione in radice di un matrimonio nullo (cann. 1138-1141). Sarebbe presuntuoso pensare che questi istituti, i quali hanno una lunga vita nella storia del diritto della Chiesa, siano meno conformi alle esigenze del matrimonio cristiano. Ugualmente sarebbe temerario mettere in dubbio che il matrimonio di due battezzati contratto per procura, celebrato in forma straordinaria, sotto condizione oppure sanato in radice, sia vero e proprio sacramento. Oggi nessun cattolico può ragionevolmente dubitare della sacramentalità di questi matrimoni.

Queste possibilità di contrarre matrimonio-sacramento ci dimostrano fino a che punto il sacramento segua le vicissitudini del contratto e dipenda da esso nelle sue condizioni di validità. Là dove sorge un vincolo matrimoniale valido fra due battezzati, qualunque sia stato l'*iter* percorso dal consenso matrinoniale per espletare la sua efficacia giuridica, là viene amministrato e ricevuto dai contraenti il sacramento, anche se essi in quel momento non hanno nessuna intenzione attuale o virtuale — neppure abituale esplicita — di amministrare e ricevere il sacramento. Si tratta di una peculiarità tipica ed unica del sacramento del matrimonio di fronte agli altri sacramenti. L'intenzione di amministrae e ricevere il sacramento va inseparabilmente unita alla volontà efficace di contrarre matrimonio.

La sentenza a cui fa capo Duns Scoto, secondo cui non sarebbe possibile la celebrazione del sacramento del matrimonio *inter absentes*, come pure quella di M. Cano ed altri, secondo cui il ministro del sacramento del matrimonio sarebbe il sacerdote, sono assolutamente e definitivamente superate. Il progresso nella conoscenza della dottrina rivelata le ha dimostrato non congruenti con la verità.

Per quanto riguarda il possibile conflitto delle due intenzioni, quella cioè di non fare il sacramento e quella di contrarre matrimonio, la validità del matrimonio e l'esistenza del sacramento dipenderà dalla prevalenza di questa su quella. Scrive ad esempio il Sánchez: « In forza dell'istituzione di Cristo la realtà del sacramento è inseparabile del contratto matrimoniale; onde l'intenzione di non produrre il sacramento è in opposizione con l'intenzione legittima di fare il matrimonio in quanto contratto. Ugualmente chi vuole produrre il sacramento del matrimonio e non il contratto, non produce né l'uno né l'altro. Infatti per istituzione di Cristo, queste due realtà sono unite in modo inseparabile. Non si può fare o sopprimere l'una senza l'altra »[19].

Gli stessi princìpi si applicano in caso di errore sulla sacramentalità. Il caso lo vide e lo risolse già s. Tommaso. Egli si propone esplicitamente la difficoltà dell'« *error fidei, qui est in haereticis non credentibus hoc sacramentum* » (errore della fede, negli eretici che non credono in questo sacramento). E risponde che questo errore non invalida il matrimonio, giacché non verte sulla essenza, ma « *circa ea quae sunt matrimonii consequentia* », e cioè su un elemento che accompagna inseparabilmente il matrimonio (come una proprietà) senza appartenere alla sua essenza[20].

Questa è la dottrina che la Chiesa ha applicato tradizionalmente, ritenendo sempre validi e sacramentali i matrimoni dei battezzati separati dalla Chiesa, pur se non credono nella sacramentalità del ma-

---

[19] T. SANCHEZ, *De Sancto Matrimonii Sacramento*, lib. 2, disp. 10, n. 6.
[20] S. THOMAS, *Summa Theol.*, Suppl., q. 51, a. 2, c.

trimonio. Né si pensi che si tratti di casi eccezionali, giacché dopo la Riforma protestante una gran massa di battezzati non ammette che il matrimonio sia un sacramento. E ciò nonostante la Chiesa, sia negli insegnamenti teorici sia nella prassi giurisprudenziale e pastorale, ha considerato sempre il matrimonio di questi battezzati come rato (sacramento) e, se consumato, assolutamente indissolubile.

L'errore sulla sacramentalità viene trattato nella dottrina e nel diritto della Chiesa (can. 1084) come quello riguardante le proprietà essenziali — unità ed indissolubilità — del matrimonio [21], nonostante che la sacramentalità sia una qualità soprannaturale e le proprietà essenziali appertengano alla struttura naturale del matrimonio. Il semplice errore su di esse non incide sull'efficacia giuridica del consenso matrimoniale e conseguentemente sulla validità, sia del contratto che del sacramento.

Parola conclusiva

Il principio dell'inseparabilità tra patto coniugale valido e sacramento nei battezzati suscita certamente molte difficoltà teoriche e pastorali nel mondo secolorizzato di oggi. Trattandosi però di una istituzione divina — in quanto realtà terrestre e in quanto sacramento — che trascende le vicissitudini della storia, non sarebbe giusto lasciarsi impressionare troppo dalle contingenze di un determinato periodo storico. E' necessario allargare lo sguardo per contemplare i disegni di Dio verso il suo popolo, pellegrinante attraverso la storia e disperso in tutti i deserti.

Per poter comprendere la profondità teologica di quel principio e la sua unitarietà con gli altri princìpi che stanno alla base della struttura del sacramento del matrimonio e ne determinano la sua peculiare natura, è necessario inquadrarlo nel vasto e sublime panorama del disegno salvifico di Dio che ha fatto dell'uomo rigenerato in Cristo una nuova creatura, del suo popolo un popolo sacerdotale, ed ha assunto l'autentico amore coniugale dei rigenerati in Cristo nell'amore divino ed il loro impegno d'amore (il « *foedus coniugii* » o patto coniugale) in « immagine e partecipazione del patto d'amore del Cristo e della Chiesa » (G. S., 48).

Il principio dell'inseparabilità tra contratto e sacramento, espresso nel can. 1012 § 2, non è un principio di diritto positivo umano

---

[21] H. DOMINE, *L'errore semplice intorno alle proprietà essenziali del matrimonio ed il suo influsso sulla validità del medesimo*, Parma 1966, specie pp. 81-128.

— come il modo, poco esatto, di parlare di certi autori attuali potrebbe indurre a pensare — ma è un principio dottrinale che ha dalla sua parte quasi un millennio di cosciente e travagliata vigenza, in quanto è stata la dottrina quasi comune di teologi e canonisti di questo periodo, ed il presupposto dottrinale della giurisprudenza e prassi pastorale della Chiesa nonché l'insegnamento esplicito e ripetuto, nei due ultimi secoli, del Magistero Ordinario dei Romani Pontefici e dei Vescovi di tutto il mondo cattolico.

E' certo che la dottrina s'è maturata in un contesto di fede e di lotta Chiesa-Stato per difendere la competenza sul matrimonio cristiano. Questo fatto storico però non toglie valore alla dottrina. Un fenomeno simile si è verificato nel corso dei secoli in altri settori del deposito dottrinale cristiano, dando luogo persino a definizioni dommatiche, senza che per questo venga meno il grado di certezza oggettivo che meritano.

La Chiesa nel momento presente non può applicare altra dottrina come norma della sua azione legislativa e pastorale al riguardo. La conoscenza che nel presente momento storico ha della struttura data da Cristo al matrimonio non le lascia spazio per agire diversamente. Non può prendere come norma il principio contrario e cioè quello della separabilità fra patto coniugale e sacramento, giacché è privo di ogni fondamento teologico.

Nel campo puramente teorico rimangono vaste possibilità di studio e di « ipotesi di lavoro » su questo problema; ma non sarebbe giusto trasferire al campo pratico della legislazione o della pastorale « ipotesi di lavoro » personali, che non godono di nessuna base teologica. Le « ipotesi di lavoro » — le quali hanno certamente irrinunziabile valore strumentale nel campo delle scienze sperimentali, ma molto scarso nel campo delle scienze speculative — rimangono pure « ipotesi », fino a quando il risultato del lavoro le trasformi in « tesi », vale a dire in certezze comprovate. Nel frattempo non possono essere adottate come principio operativo, specie nel campo della morale, del diritto o della pastorale.

Wilhelm Bertrams, s. j.
Professore di Teologia del diritto

LA DEDIZIONE INTEGRA, PROPRIA AL MATRIMONIO, E
IL DIVORZIO

I.

L'uomo è composto di anima e di corpo; la natura spirituale specifica l'unione « dello spirito » con il corpo, in modo che questa unione sia sostanziale: la natura spirituale plasma tutto il corpo e forma con esso una unità, così che a questo composto conviene una dignità spirituale. Per questa ragione, l'uomo giustamente è considerato « *immagine di Dio* », vale a dire: come in Dio è insita la natura spirituale, così anche l'uomo è dotato realmente di una natura spirituale. Tale è il significato, se l'uomo si dice: immagine di Dio. Anzi asserire che l'uomo è immagine di Dio non comporta solo una somiglianza esterna fra Dio e l'uomo, quanto piuttosto si afferma che l'uomo è dotato di una natura spirituale, per cui è simile a Dio, certo per analogia, poiché la natura spirituale in Dio è realmente infinita, nell'uomo invece è finita; tuttavia nell'uomo si ha *una realtà di natura spirituale*.

Pertanto, asserendo che l'uomo è immagine di Dio si afferma che l'uomo è spirito nel corpo, che allo stesso competono la natura intellettuale e la libertà, che sono il fondamento della sua *dignità personale*. In realtà, con la libertà l'uomo ha il dominio delle intenzioni, il dominio dei propri atti, anzi egli stesso è padrone dei propri atti.

Perciò l'uomo gode di una *vera autonomia,* in quanto egli stesso determina i mezzi, con cui intende la sua perfezione. Che questa autonomia poi non sia assoluta, non ha bisogno di dimostrazione: l'Uomo è autonomo, perché e in quanto è ordinato direttamente a Dio, così che la sottomissione a Dio è la ragione, per cui gode della sua autonomia verso tutti e tutto. Per questo motivo egli può essere concepito come persona solo se si ammette la sua relazione essenziale a Dio: nella *re-ligatio* di questa autonomia in Dio si fonda l'autonomia dell'uomo, in modo che egli non può concepirsi come persona se privo di *religione*. In realtà, se si nega ciò, l'uomo viene a dipendere dalle cose create: la sua personalità è distrutta.

Sotto questo punto di vista si deve notare: che la relazione dell'uomo a Dio non è relazione di persona a cosa, ma relazione fra persona finita e persona infinita, cioè Dio stesso. Perciò, la perfezione che l'uomo ottiene in Dio, consiste nella sua *unione con*

Dio, persona trascendentale, che costituisce veramente il bene interno dell'uomo. L'uomo, in quanto è un tutto spirituale in sé sussistente, è anche per sé; secondo la sua sostanza egli non è mai un mezzo per il fine degli altri; meglio, ha un fine in se stesso. L'uomo, attuando la propria spiritualità intende attuare e raggiungere la propria perfezione; anzi, per tale ragione, la sua potenzialità è virtualmente infinita, così che egli con la sua attività specifica, ossia attuando la sua pienezza indefinita, accresce e perfeziona in sé la ragione per cui è immagine di Dio.

Tuttavia l'uomo, perchè è immagine di Dio, non può mai, attraverso i beni creati, pervenire definitivamente alla sua perfezione personale. Difatti, per ragione della sua potenzialità intenzionale, virtualmente infinita, *l'uomo è ordinato direttamente a Dio,* bene infinito; solo nell'unione con Dio ottiene la sua perfezione definitiva. L'uomo non può mai, come abbiamo già detto, essere un mezzo per il fine degli altri.

Certamente, egli si può unire in diverse maniere agli altri uomini, per attuare i beni umani. Nel modo più degno egli si congiunge con gli altri con *il suo amore,* ossia comunicando con gli altri i suoi beni interni: la benevolenza, la stima speciale ecc., anche se ciò avviene con mezzi esterni, ad esempio con la lingua, con l'amplesso, ecc., perchè gli uomini non possono comunicare fra loro solo internamente; lo spirito comunica con gli altri nel corpo e per mezzo del corpo. Tuttavia, qualsiasi amore genuinamente umano, tende di per sé ad essere perpetuo.

II.

Questo particolarmente si deve dire del matrimonio. Nelle discussioni recenti, in cui si è trattato della natura, del fine, delle proprietà del matrimonio, spesso si è addotto lo stesso amore, con cui i coniugi si uniscono per stabilire e condurre *la comunanza di vita.* In effetti, a ragione si esalta questo amore, perché esso abbraccia tutto il bene della persona. Infatti la comunanza della vita coniugale comprende tutta la vita personale dei coniugi e le loro azioni in modo che essa stessa è ordinata a un solo scopo, dare cioè alle parti un reale ed efficace aiuto e servizio per realizzare una vita degnamente umana.

Perciò l'amore coniugale non può considerarsi soltanto come l'affetto di una mutua inclinazione erotica, benché anche questo affetto abbia la sua importanza per il matrimonio; anzi tale affetto tende a far sì che le parti diventino « una sola carne ». Ciò a ragione è così, purché questo affetto e l'atto coniugale sia veramente un atto umano in senso pieno, e segni, manifesti, esprima, compia *l'amore interno, spirituale, personale* in modo umano, cioè esternamente, nel corpo.

Se dunque si parla dell'amore proprio al matrimonio, cioè di tutto ciò che costituisce questo amore, nonchè dei diritti e dei doveri inerenti allo stesso, bisogna muovere da questa realtà spirituale, personale. Invero, l'amore coniugale significa soprattutto *la mutua dedizione delle parti,* la donazione di persona a persona. Perciò questo amore si attua attraverso la comunanza della vita in ogni cosa, anzi per mezzo dell'unione anche dei corpi, così che si hanno realmente due « in una sola carne ».

D'altra parte, questo divenire « una sola carne » in modo degno dell'uomo può verificarsi solo se tale prestazione mutua dei corpi costituisca la manifestazione, l'espressione, *il segno della dedizione interna, integra delle parti.* Perciò non può aversi la dedizione mutua integra coniugale, se l'una o l'altra parte avanza qualche riserva, per cui, questa dedizione, propria dell'amore coniugale interno ed esterno, non è più veramente spirituale e personale, tanto che la dedizione mutua, integra viene a mancare, e di conseguenza non si ha più una vera comunanza di vita in ogni cosa.

III.

Ciò si deve dire specialmente, se la riserva riguarda l'elemento che è essenziale e specifico per l'amore coniugale e di conseguenza per la dedizione reciproca delle parti. Difatti, se qualunque genuino amore umano di per sé tende ad essere perpetuo, *tale perpetuità* per quanto concerne il matrimonio, costituisce *l'elemento essenziale, specifico* dell'amore coniugale, così che *l'esclusione della perpetuità,* cioè la riserva della facoltà di una o di entrambe le parti di recedere a vicenda, costituisce un impedimento tale che non si ha *né amore coniugale, né dedizione totale,* né comunanza di vita in ogni cosa. Non si può evidenziare abbastanza, perché la restrizione della comunione matrimoniale a un tempo, sia definito sia indefinito, dissolve intrinsecamente e distrugge questo amore e questa comunanza di vita come tale, perché essa stessa deve comprendere tutta la vita dei coniugi. Di conseguenza, in questa supposizione (di riserva a un tempo), non può nascere, per mezzo dell'unione dei corpi, « una sola carne », poichè questa esclude ogni riserva nella dedizione interna delle parti. Infatti « una sola carne » in modo degno dell'uomo si può avere solo se tale comunicazione reciproca delle parti è manifestazione, espressione, segno della dedizione interna e perpetua.

E così, l'amore coniugale consiste nella dedizione reciproca delle parti, integra, in modo da avere una vera comunanza di vita interna, integra e perpetua. Atto specifico di questa comunanza di vita è l'unione dei corpi, che per la mutua dedizione interna e totale si esprime esternamente e si manifesta così che le parti diventino « una sola carne ». Questo segno di dedizione interna *esclude qualsiasi riserva*. Così viene escluso anche — in quanto « una sola carne » per sua natura è ordinata al frutto dell'amore, cioè alla prole — che l'atto coniugale sia reso sterile dall'industria umana anticoncezionale, perché in tale supposizione l'atto specifico del matrimonio non esprime la dedizione interna integralmente, poiché in effetti così facendo le parti si riservano un elemento, che la natura offre in modo specifico a questo atto, e cioè che l'unione delle parti abbia una *certa perpetuità nel frutto,* ossia nella prole. In questo modo di agire l'amore coniugale è ferito nella sua stessa radice, in quanto per industria delle parti si esclude il frutto. Perciò, in siffatto modo di agire, si esclude che l'amore coniugale abbia l'attuazione di se stesso, anzi con tale modo di agire *l'amore coniugale distrugge se stesso.*

IV.

Si ha ancor meno la integra comunanza di vita delle parti, se questa comunione si restringe a un tempo, sia determinato sia indeterminato. In questa supposizione tale unione non è perpetua; perciò tale unione non è comunanza integra di vita, non è unione matrimoniale, così che con l'unione dei corpi non si ha il segno della dedizione integra. D'altra parte, l'unione matrimoniale, poiché significa dedizione mutua, interna, personale, che è segnata esternamente dall'unione dei corpi, non solo per sua natura richiede una certa perpetuità, ma intende *quella perpetuità,* con cui nella persona amata e per la persona amata, una persona perfetta, cioè *Dio stesso, si intende.*

Infatti l'amore matrimoniale, che si deve attuare nella comunanza integra di vita e perciò esternamente è indicato per mezzo dell'unione, che è « una sola carne », non può astrarre dalla relazione essenziale dell'uomo a Dio. L'uomo, poiché è ordinato direttamente

La dedizione integra, propria al matrimonio 83

a Dio, in modo tale che in esso ottiene definitivamente la sua perfezione personale, non può dare se stesso a un altro, in un'unione quanto mai profonda ed integra, come ciò avviene nel matrimonio, se questa stessa unione, la stessa *comunanza di vita integra e perpetua,* non sia *in realtà uno stato di vita,* ossia uno stato, che in quanto tale ha come fine lo stesso Dio.

Come la dignità dell'uomo in quanto persona, nonché la sua libertà personale, è possibile solo perché l'uomo è ordinato direttamente a Dio, così anche lo stesso matrimonio — in quanto consiste nella mutua, interna, personale dedizione integra, nell'unione dei cuori, che in modo umano è segnata dal fatto che le parti diventano « una sola carne » — è possibile solo, come unione di parti, che per sua natura è via, ossia stato di vita, che è ordinato direttamente a Dio. Per questa ragione e solo per questa ragione, si concilia la disposizione dell'uomo diretta a Dio, con la dedizione integra all'uomo amato: *lo stesso matrimonio è il mezzo che conduce le parti a Dio,* fine ultimo dell'uomo; vale a dire: nel matrimonio le parti sono tanto strettamente e profondamente unite fra loro, che con questa comunanza integra di vita esse si danno a vicenda un aiuto valido, per mezzo del quale un giorno perverranno a Dio.

Queste cose che ora abbiamo detto, appartengono al matrimonio in quanto tale, cioè al matrimonio, come esso si confà alla natura umana, perciò astraendo dal fatto se sia matrimonio cristiano ossia matrimonio di battezzati.

Quindi il fine, cioè il termine del matrimonio può essere solo Dio. Questa è la ragione per cui il matrimonio per sua natura, vale a dire astraendo dalla sua indole cristiana, cioè dalla sacramentalità, a diritto è detto e ritenuto *cosa d'indole sacra.* Così anche appare evidentissimo, che il matrimonio unisce le parti fino a quando non sono separate dalla morte: il matrimonio, in quanto stato di vita, cessa solamente con la morte di un coniuge.

V.

Pertanto, le parti contraenti il matrimonio con riserva di divorzio, sia dall'una sia da entrambe le parti, non contraggono un matrimonio, ma lo escludono in radice, in quanto viene esclusa la comunanza di vita integra, perpetua. E poiché il matrimonio è destinato a condurre le parti a Dio, perciò stesso, con *la riserva di divorzio, si reca ingiuria a Dio stesso;* infatti, la comunanza di vita integra, perpetua, che per sua natura è destinata a condurre a Dio, con un certo modo di agire si afferma, ma poi in pratica si nega. In altre parole: il matrimonio per sua natura di indole sacra viene profanato, in quanto Dio non è riconosciuto come suo fine. Bisogna dire lo stesso, se non c'era fatta riserva di divorzio, ma in realtà si fà il divorzio durante il matrimonio.

VI.

Il matrimonio costituente una comunanza di vita integra e profonda, che per mezzo di « una sola carne » viene espressa esternamente, gode di un'indole sacra, perché unione di vita tanto integra e profonda, può essere concepita solo come stato di vita che conduce a Dio. Ciò significa che le parti che contraggono matrimonio, per ragione del matrimonio specificatamente si riferiscono a Dio e a lui si uniscono. Anzi, ciò significa che *le parti sono unite dal matrimonio, perché in questo modo specifico sono unite a Dio.* Le parti si uniscono fra loro, con un'unione quanto mai integra e profonda, *perché sono unite con Dio.* Direi: le parti sono unite fra loro dallo stesso Dio per costituire il matrimonio.

Per tale motivo, cioè, in quanto il matrimonio costituisce l'unione delle parti con una dedizione interna integra e profonda, che per mezzo di « una sola carne » si esprime esternamente, il matrimonio è possibile solo perché le parti sono unite per mezzo di Dio e in Dio, così che lo stesso matrimonio in realtà trascende l'ordine creato. Di conseguenza, venendo meno questa unione delle parti in sé e con Dio, il matrimonio è inconcepibile. In altre parole: Nel matrimonio *l'amore di Dio* verso le parti costituisce e *sostenta in definitiva l'amore coniugale.*

Ciò supposto, l'indole sacra del matrimonio acquista maggior risalto ancora. Di conseguenza, con la riserva di divorzio, *l'indole sacra del matrimonio è maggiormente violata*: da una parte si afferma Dio come colui che unisce esternamente le parti fra loro, dall'altra, con la riserva di divorzio, di fatto si nega. Se la riserva di divorzio in realtà non si ha, ma poi si tenta durante il matrimonio, questo tentativo tende a escludere Dio dall'unione dei coniugi, perché si tenta e si intende lo scioglimento dell'unione coniugale.

Si dice: si tenta e si intende, perché le parti non possono sciogliere il matrimonio efficacemente. In effetti, anche fatto « il divorzio », *lo stesso vincolo matrimoniale perdura,* non si scioglie. Infatti il matrimonio è uno stato di vita, che è ordinato a Dio come a suo fine, anzi i coniugi sono uniti fra loro dallo stesso Dio per avere un'unione quanto mai profonda, ferma, stabile, perpetua. Per questa ragione, anche cessando l'amore erotico, sensibile, non cessa il genuino amore matrimoniale, cioè l'unione dei cuori in Dio, sostenuta da Dio stesso.

Infatti *i diritti e gli obblighi,* che il genuino amore coniugale esige e costituisce, hanno il solo fine *di proteggere questo amore e lo stesso matrimonio.* Nel matrimonio dunque, la funzione del diritto, vale a dire la protezione dell'amore coniugale, nella specie, della sua stabilità e perpetuità, si palesa chiaramente. I diritti e gli obblighi si hanno in funzione dell'amore coniugale e proteggono questo amore. Premendo i diritti e gli obblighi matrimoniali, si protegge lo stesso matrimonio e lo stesso amore coniugale.

Di qui sempre il ristabilimento della comunanza di vita, lo stato di vita, di per sé, si esige anche dopo il divorzio, anzi ancora di più, perché il divorzio — supposto valido il matrimonio — non si può avere realmente ed efficacemente. E la ragione di questa necessità, cioè di *ripristinare la comunanza di vita,* si fonda sul fatto che *si tratta di uno stato di vita,* che come tale è ordinato a Dio. Questa è la ragione ultima, per cui, tentato il divorzio, le parti sono tenute a effetuare la riconciliazione [1].

---

[1] Tutte le cose che abbiamo detto sopra, trattano del matrimonio come tale cioè, del matrimonio, in quanto esso, quale *istituto di ordine naturale,* è stato fondato dal Creatore. Per tale motivo, tutto ciò che qui è stato detto, vale anche per il *matrimonio cristiano,* per il matrimonio, che per mezzo del sacramento del matrimonio è santificato, anzi ha maggiore forza e valore, in quanto il matrimonio cristiano è confermato e rafforzato dalla Grazia di Cristo. Cfr.: Concilio Vaticano II, Costituzione: *Gaudium et spes,* nr. 47, 48, 49.

Olís Robleda s. j.
Professore di diritto romano e canonico

IL PRESUPPOSTO DELLA INDISSOLUBILITA' DEL MATRIMONIO

E' mio scopo, in queste pagine, toccare il punto dell'indissolubilità del matrimonio; non, però, per provarla, attraverso le fonti — altri si occupano di questo nel presente volume —, ma per individuare il suo presupposto giuridico. Difatti, sono convinto che nella trattazione di tale proprietà del matrimonio detto presupposto sia spesso dimenticato o trascurato. Ora, credo di poter affermare che, per il fatto che non siano sufficientemente considerate la trascendenza ed importanza di esso, o addirittura che spesso sia negato da parte di alcuni, vien messa logicamente in forse la suddetta proprietà del matrimonio.

I testi del Conc. Vat. II.

Premetto innanzitutto i testi del Conc. Vaticano II, che indicano codesto presupposto giuridico dell'indissolubilità.

« L'intima comunità di vita ... è stabilita dal patto coniugale, vale a dire dall'irrevocabile consenso personale » [1]

« ... questo vincolo sacro ... non dipende dall'arbitrio dell'uomo » [2]

« Questa intima unione in quanto mutua donazione di due persone, come pure il bene dei figli esigono la piena fedeltà dei coniugi e ne reclamano l'indissolubile unità » [3]

« Questo amore ratificato da un impegno e più di tutto sancito da un sacramento del Cristo è indissolubilmente fedele nella prospera e nella cattiva sorte ... e di conseguenza è alieno da ogni adulterio e divorzio » [4]

« ... il carattere stesso di patto indissolubile ed il bene dei figli

---

[1] « Intima communitas vitae et amoris coniugalis ... foedere coniugali seu irrevocabili consensu personali instauratur » (*Gaudium et Spes*, 48, 1).

[2] « Vinculum sacrum intuitu boni tum coniugum et prolis tum societatis non ex humano arbitrio pendet » (ib.).

[3] « Quae intima unio, utpote mutua personarum donatio, sicut et bonum filiorum, plenam coniugum fidem exigunt atque indissolubilem unitatem » (Ib.).

[4] « Amor ille muta fide datus, et potissimum sacramento Christi sancitus, inter prospera et adversa corpore ac mente indissolubiliter fidelis est, est proinde ab omni adulterio et divortio alienus » (*Gaudium et Spes*, 49, 3).

esigono che anche il mutuo amore dei coniugi abbia le sue giuste manifestazioni, si sviluppi ed arrivi a maturità. E perciò, anche se la prole non c'è, il matrimonio perdura come consuetudine e comunione di tutta la vita e conserva il suo valore e la sua indissolubilità » [5].

Mi piace subito osservare come le asserzioni dirette di questi testi ci facciano ricordare il *consortium omnis vitae* modestiniano (D. 23, 2, 1), che tanti romanisti interpretano nel senso che Modestino l'abbia riferito, non solo alla comunanza di tutte le cose: *rerum secundarum adversarumque,* come direbbe Tacito (Ann. 3, 34), ma pure alla tendenziale perpetuità; e la dichiarazione di Quintiliano: *cum ergo quaeratur mihi uxor, socia tori, vitae consors, in omne aevum mihi eligenda est* (Decl. 277). Soltanto che, per la nostra unica sana vera dottrina quale l'ha espressa il Concilio, la perpetuità del matrimonio è ben più solida e rigorosa che per i Romani; poiché essa si traduce in indissolubilità. Ed eccoci già al nostro punto. Cominciamo dai testi appena trascritti.

Dico subito che il presupposto dell'indissolubilità, a cui alludiamo, del matrimonio, è il carattere contrattuale di questo. Se il matrimonio non fosse o non implicasse un patto giuridico, non si potrebbe neppure porre la questione relativamente alla suddetta proprietà.

Nei testi del Concilio dunque, come abbiamo visto, si parla di *consenso irrevocabile,* di *vincolo, che non dipende dall'uomo,* di amore *ratificato da un impegno,* di *patto indissolubile. Consenso, vincolo, impegno, patto*: tutti, figure od elementi giuridici: anche se rivestiti del sacro (« *sacramento Christi sancitus* »). G. S. 49, § 3).

Specialmente nell'ultimo testo sopra trascritto si rileva come la indissolubilità cada esattamente sopra il patto (giuridico) in contrapposizione all'amore, quando si dice « il carattere di *patto indissolubile* » esige che l'amore dei coniugi si manifesti, si sviluppi ed arrivi a maturità [6]. Come si vede, l'amore si manifesta, si sviluppa, matura. Il patto, invece, come tale consiste « in simplum »: c'è o non c'è. Se è sufficiente, è già *perfetto* per dar vita al vincolo. E lo

---

[5] « ... sed ipsa indoles foederis inter personas indissolubilis atque bonum prolis exigunt ut mutuus etiam coniugum amor recto ordine exhibeatur, proficiat et maturescat. Ideo, etsi proles saepius tam optata, deficiat, matrimonium ut totius vitae consuetudo, et communio perseverat suumque valorem atque indissolubilitatem servat » (*Gaudium et Spes,* 50, 3).

[6] Vedi nota precedente.

stesso si dica del vincolo = effetto formale del patto. Non è ammesso qui parlare di vincolo perfetto od imperfetto, di vincolo maturo od immaturo, di un grado minore o maggiore di vincolo matrimoniale, come invece è possibile fare riguardo all'amore.

Doppio senso di « foedus »

Certo che la parola « foedus » o patto, si trova pure nei testi del Concilio, nel senso di patto di amore (« *foedus dilectionis* », G. S. 48 § 2). Questo vuol dire, allora, che la parola ha due sensi concessi o riconosciuti dallo stesso Concilio: quello giuridico, e quello socio-etico-teologico.

Nel primo senso è l'atto di consenso, che crea un vincolo, il quale non esiste che giuridicamente; si tratta non di un « abito ». E' un atto, dunque, che p a s s a nel suo porsi e non si ripete più. Nel secondo, è un atto che si ripete; anzi, un atto, che produce, non un vincolo, ma un « abito », e dunque ripetibile per l'esercizio dell'« abito ». Ed è per il « *foedus* » o patto in questo secondo senso che il matrimonio si traduce in *communio vitae, consortium, communicatio, una caro,* immagine e partecipazione del « *foedus* » fra Cristo e la Chiesa.

Nel primo senso il patto o consenso è già, poiché passato, non più tocabile in sè; ma neppure nel suo effetto, cioè, nel vincolo giuridico, da esso sorto, perchè questo è indipendente da esso, salvo quanto diremo più sotto. La realtà, dunque, del vincolo permane. Nel secondo senso il patto, o amore, poichè n o n p a s s a , ma continua come tale esattamente uguale come nel primo momento, è certamente modificabile, può scomparire dunque di fatto, come atto e come « abito »: poiché può scomparire la realtà della *communitas vitae,* del *consortium,* della *unitas carnis*: tutte cose nelle quali si risolve l'amore o l'effetto formale dell'amore. E' per questo che non esiste un vincolo di amore indipendente dall'amore. Esiste un vincolo od una relazione di amore solo in quanto si ama effettivamente.

Il matrimonio è indissolubile non per il fatto che è patto

Il patto, come tale, infatti è dissolubile. Ecco quattro testi importanti che lo proclamano: tre generali, ed uno relativo specificamente al matrimonio.

Nihil tam naturale est quam eo genere quidque dissolvere, quo colligatum est. Ideo verborum obligatio verbis tollitur: nudi consensus obbligatio contrario consensu dissolvitur [= Nessuna cosa è tanto naturale come l'estinguere un'obbligazione nello stesso modo come fu sorta. Ed è perciò che l'obbligazione sorta verbalmente, si sciolga così, e quella contratta col nudo consenso, col nudo consenso si sciolga] (D. 50, 17, 35). Omnis res per quascumque causas nascitur per easdem solvitur. [= Ogni cosa (= ogni obbligazione giuridica) può venire sciolta per le stesse cause che le diedero l'essere] (X. 5, 41, 1). Horum quae in hominibus subsequentur quidquid ligatur solubile est [=Quanto fra gli uomini vien legato si può sciogliere] (Nov. 22, 3).

Si enim in alterutrum affectus nuptias solidat, merito contraria voluntas istas cum consensu dissolvit [= Se il mutuo affetto fa il matrimonio, è naturale che la contraria volontà possa scioglierlo] (Nov. 140, 1).

Come si vede, l'ultimo testo, relativo al matrimonio, fluisce con logica dai tre primi generali — del resto, il terzo lo presenta pure già Giustiniano in base ad una applicazione del primo. I Romani dunque vedono come una cosa logica che il matrimonio possa sciogliersi per un atto di consenso, proprio perchè attraverso un atto della stessa categoria e natura viene costituito.

Anzi è per questo che parecchi propugnatori dell'indissolubilità rifiutano di considerare il matrimonio come un patto o contratto. Se, infatti, il matrimonio è un patto, dicono, quelli che lo fanno lo possono anche distruggere o sciogliere. Come pure, si nega da parte di altri l'indissolubilità proprio perchè vien ammesso che il matrimonio si costituisce in base ad un puro consenso *pattizio*. Il matrimonio dunque è indissolubile, ma non per il fatto che è un patto.

Ma dal fatto che il matrimonio sia un patto, non segue che debba essere dissolubile

In primo luogo tutti i commentatori di quelle « *regulae iuris* » non dimenticano le « *fallentiae* » di esse; fra le quali, il matrimonio.

Tra altri, Filippo Decio commenta ampiamente quelle regole; e poi adduce come uno degli esempi principali quello del matrimonio, notando prima di tutto come anche per i Romani: « *matrimonium facilius contrahitur quam dissolvitur* »; e lo afferma in base al cod. di Giustiniano (5, 17, 8):

Il presupposto della indissolubilità 93

« consensu licita matrimonia posse contrahi, contracta nonnisi misso repudio solvi praecipimus; solutionem enim matrimoniorum difficiliorem debere esse favor imperat liberorum ».
E subito aggiunge « immo nullo modo, quia quos Deus coniunxit homo non separet » [= Si può contrarre il matrimonio con la mera emissione di consenso; ma solo inviando ripudio si può sciogliere, poiché esige il bene della prole che sia più difficile lo scioglimento dei matrimoni. Anzi aggiunge Decio: i matrimoni in nessun modo si possono sciogliere, poiché quello che Dio ha unito, l'uomo non può sciogliere] [7].
Ugualmente, Hieronymus Cagnoli: « Praesens regula non procedit in matrimonio, quod solo consensu contrahitur, et tamen per contrarium consensum non dissolvitur » [= La presente regola non si compie nel matrimonio, il quale si contrae, sì con solo consenso, ma non si scioglie col contrario consenso] [8]
Anche Reiffenstuel:
« Quaeritur II. Quas exceptiones et fallentias patiatur regula I hactenus declarata. Resp. Plures, inter alias etiam sequentes, et quidem I. Fallit in matrimonio ...; quia ex institutione divina est indissolubile, et ideo mutuo consensu, quo contractum est, solvi non potest » [= Si domanda II. Quali eccezioni offre la regola ora dichiarata. Si risponde: molte, fra le quali pure le seguenti, e in primo luogo, fallisce essa nel matrimonio, il quale è indissolubile per istituzione divina; quindi, non può sciogliersi col mutuo consenso, con cui, invece era contratto] [9].
Finalmente, per tacere di altri, Wiestner:
« Sed etiam in matrimonio locus non sit; quia hoc mutuo consensu quo contractum est non dissolvitur » [= Ma pure nel matrimonio (la regola) non ha luogo; perchè questo non si scioglie per opera del mutuo consenso, col quale era stato contratto] [10].

---

[7] Ph. DECIUS, *In tit. ff. de regulis iuris*, Venetiis 1585, p. 117.
[8] *De regulis iuris,* Venetiis 1558, p. 62. Cf. nota 10.
[9] *Ius canonicum universum*, tom. 6. *De regulis iuris*. Reg. 1, n. 8 (Venetiis 1792, p. 3). Penso che il classico canonista abbia avuto qui una distrazione; poichè il suo testo completo suona così: « Fallit (regula) in matrimonio consummato; quia ex institutione divina est indissolubile, et ideo mutuo consensu, quo contractum est, solvi non potest »; ora è indissolubile, per mutuo consenso, sia il matrimonio rato e non consumato, sia il consumato.
[10] *Institutiones canonicae,* 5, 41, 2 (Monachi 1706, p. 537). Vale la pena trascrivere pure qui il testo completo del non meno classico autore: precisa-

Resti, quindi, ben chiaro che il matrimonio è indissolubile, ma non perchè è un patto. Anzi di per sé dovrebbe essere dissolubile; non lo è per eccezione, per « *fallentia* » della *regula iuris*.

L'indissolubilità non ripugna alla ragione di patto nel matrimonio

Non ripugna, perché basta, per avere un vero patto, l'entrare nell'istituzione attraverso il libero consenso, o patto; cioè, il determinare per un accordo od una convenzione che l'istituzione matrimonio si produca fra i due (Tizio e Caia) come essa è: anche indissolubile. Per avere il patto o contratto matrimoniale basta che si abbia la cessione dei diritti da parte dei coniugi. E questo avviene nel matrimonio, anzitutto riguardo all'uso sessuale del proprio corpo (a vicenda); il fatto poi che possa non aversi, o difatti non si abbia, la facoltà di ritirare quei diritti, e cioè di uscire dal matrimonio, non ripugna all'entrata libera o *pattizia* in esso. Sarebbe, in verità, arbitrario restringere l'idea di patto al-

---

mente perchè corregge o rettifica esattamente il precedente di Reiffenstuel. Eccolo: « Sed etiam in matrimonio locus non sit (la prima reg. iuris della quale parliamo, delle annesse ai 5 l. Decr. di Greg. LX); quia hoc mutuo consensu quo contractum est non dissolvitur; quod semper sacramentum vel signum fit rei sacrae et spiritualis, scilicet, coniunctionis Christi cum Ecclesia per assunmptionem carnis humanae, si per carnalem copulam consummatum ..., si vero ratum dumtaxat sit, unionis inter Deum et animam iustam per gratiam et charitatem ». Come si vede, dice ugualmente indissolubile l'uno e l'altro matrimonio: quantunque per diverso fondamento. Del resto, anche il Wiestner lascia dei dubbi aperti. Infatti, è solo il matrimonio-sacramento indissolubile per *mutuo consenso*? La dottrina comune sostiene che per mutuo consenso nessun matrimonio valido è dissolubile. Solo così è inammissibile il divorzio. Il matrimonio consumato non sacramento, ed il meramente rato-sacramento, saranno dissolubili solo *ab extrinseco*, cioè, per intervento di potestà vicaria di Dio.

E' messomi a trovare delle imprecisioni, eccone un'altra nel sopra citato Hieronymus Cagnoli. Il suo testo suona così: « Praesens regula non procedit in matrimonio, quod solo consensu contrahitur, et tamen per contrarium consensum non dissolvitur. Est enim maximum sacramentum, et postquam contractum est, illius dissolutio in potestate hominum non est » (supr. nt. 8). In primo luogo non si distingue fra matrimonio consumato e non consumato. Conseguentemente, resta equivoca l'espressione: « in potestate hominum non est »; offrendosi subito la domanda: considera Cagnoli fatta « potestate hominum » la dispensa del rato, operata dal Romano Pontefice? Finalmente, dipende solo dalla sacramentalità l'indissolubilità del matrimonio? Ben più preciso ora il Vat. II, quando presenta l'indissolubilità solo come *sancita* dal sacramento.

Il presupposto della indissolubilità 95

l'ipotesi in cui si è liberi di disfare per volontà contraria quanto per essa venne liberamente concluso. Di regola, avviene così, come abbiamo visto; ma vi sono eccezioni. Ora, sappiamo che le eccezioni non distruggono la regola, come il *ius singolare* non distrugge il *ius comune*.

Donde allora deriva al matrimonio l'indissolubilità?

Immediatamente, dalla volontà divina, cioè, da una volontà superiore, che regge la persona umana e la società; e per l'una e l'altra dispone o struttura l'istituzione matrimoniale: anche come indissolubile, perché «*Ipse Deus est auctor matrimonii variis bonis ac finibus praediti*» [= lo stesso Iddio è autore del matrimonio dotato di vari beni e fini] (GS. 48 § 1); perché il matrimonio è «*communitas vitae a creatore condita suisque legibus instructa*» [= comunità di vita dal creatore fondata e dotata di proprie leggi] (ib.); perché, benché il matrimonio s'istauri: «*actu humano quo coniuges sese mutuo tradunt, atque accipiunt*» [= con atto umano col quale i coniugi mutuamente fan dono di sé] (ib.), da esso (atto): «*institutum ordinatione divina firmum oritur*» [= nasce un istituto per volontà divina stabile] (ib.).

Ecco, dunque, perché il patto matrimoniale è indissolubile: non per virtù del patto stesso, cioè, per volontà dei coniugi; neppure essi di per sé potrebbero essersi legati in modo assoluto, poiché altrimenti cesserebbero di essere liberi; né per un'altra volontà esterna, inferiore a quella divina; neppure sarebbe stato possibile attraverso la volontà di un legislatore umano sottrarre alla volontà dei coniugi la facoltà di sciogliere il loro patto; solo, per la volontà divina: perché «*quod Deus coniunxit homo non separet*» [=quel che Dio ha unito l'uomo non può scioglierlo] (Mc. 10, 9; Mt. 19, 6).

Fondamentalmente, è pure il Conc. Vat. II che ci indica molto chiaramente che Iddio ha dotato il matrimonio dell'indissolubilità per ogni matrimonio: «*intuitu boni tum coniugum et prolis tum societatis*» [= per il bene sia degli stessi coniugi e della prole che della società] (GS. 48, 1); ed ancora, per il matrimonio fra battezzati che riflette l'unione perenne di Cristo con la Chiesa: «*quod* (il matrimonio) *est imago et participatio foederis dilectionis Christi et Ecclesiae*» [= il quale è immagine e partecipazione della alleanza di amore tra Cristo e la Chiesa] (GS. 48, 4).

Il bene, dunque degli stessi coniugi e della prole, così come il fatto che Cristo Salvatore ha costituito il matrimonio, od unione fra gli sposi, ad immagine reale, sacramentale (misteriosa) della propria unione di amore con la Chiesa, sono il fondamento della divina volontà, che ha sottratto ai coniugi, che abbiano dato, e sebbene abbiano dato liberamente il loro consenso, la facoltà di rompere l'impegno o vincolo che ne è sorto.

Certo, questo non significa assolutamente far violenza alla personalità dei coniugi, menomare la loro libertà: proprio perché liberamente, nel contrarlo, accettarono il matrimonio come esso è, o come Iddio l'ha istituito: indissolubile; in altre parole, perché il matrimonio *tale come è* fu accettato in virtù di un patto iniziale interamente libero.

Ciò supposto, non considero fondato quanto scrive il mio amico P. Huizing: « Ce serait une contradiction de dire que le mariage existe en vertu du consentement des époux, mais que l'indissolubilité leur est imposée du dehors, indépendamment du consentement, même si ce « dehors » signifie « par la loi divine » ou « par la loi du Christ »; parce que alors, ou bien l'indissolubilité ne serait pas un élément essentiel du mariage ou du lien même entre les époux, ou bien le principe « le consentement fait le mariage » ne serait plus vrai » (in: *Foi et sacrement du mariage. Recherches et perplexités*. Lyon 1974, p. 48). Non c'è nessuna contraddizione perché il consentimento si ha solo in rapporto alla mutua scelta fra Tizio e Caia; l'indissolubilità invece è una proprietà dell'istituzione: non è dunque oggetto di elezione!

Solo per il fatto che è patto, il matrimonio p u ò essere indissolubile

Cominciamo col dire che la indissolubilità, anche se sancita dal sacramento, non può essere compresa senza il suo presupposto indispensabile, l'essere un patto il matrimonio. La dichiarazione è ovvia. Se il matrimonio non è un patto, non sorge da esso un impegno od un vincolo giuridico. E se non esiste un vincolo giuridico, su che cosa potrà cadere l'indissolubilità? Su un fatto: il fatto della *communio vitae*, del *consortium*? Il fatto — la *consuetudo* vitae — o esiste o non esiste. Se non esiste, non può fare sì che esista il sacramento; non può quindi sancire il nulla.

Ma, ecco proprio qui viene l'asserto frequente che l'indissolubilità riposa sull'obbligo morale dell'amore coniugale, e, dunque,

Il presupposto della indissolubilità

della *communio vitae* [= comunità di vita], del diventare *una carne*. Anzi, si afferma che è più forte e valida la forza della morale che quella del diritto. Più, ancora, si dice che quanti ricorrono alla giuridicità del matrimonio, nel senso in cui stiamo parlando, come presupposto dell'indissolubilità, lavorano proprio contro di essa, cioè contro di sé *laborant*.

Nel rispondere a tale asserto entriamo nel più vivo del nostro punto, cioè del titolo di queste pagine. E diciamo subito che quanti affermano quello che ora abbiamo riportato, non hanno la sufficiente chiarezza di idee in proposito.

Se si ammettesse la loro affermazione, cioè, se restassimo al mero precetto morale — o al suo obbligo — « *actum esset* », come si suol dire con frase traslativa, dell'indissolubilità del matrimonio.

La ragione è perché l'indissolubilità del matrimonio porta con sé l'impossibilità di scioglierlo, dunque, l'invalidità dell'atto che tentasse di revocarlo. Ora, una revocazione invalida non ha senso che nel campo del diritto. Se si rimanesse alla morale, sarebbe questione di sola liceità od illiceità. La morale non va più in là!

Così, dopo che è stato contratto il matrimonio, si può ammettere per volontà del coniuge che la donazione effettiva « *corporis* » alla comparte non abbia luogo, perché questo è un fatto — illecito quanto si voglia — che sta nella potestà del coniuge porre o no; quello, invece, che non si potrà ammettere è che una *donatio proprii corporis* fatta ad un altro che non sia la propria comparte, sia matrimoniale, perché il vincolo — giuridico — del primo matrimonio sussiste ancora: cioè il f a t t o contrario non l'ha potuto rompere.

Però, s'insiste ancora obiettando. Neppure la norma morale, si dice, può essere distrutta dal suo violatore; dunque la norma morale ben può, anzi meglio, fondare l'indissolubilità del matrimonio. Così si esprimono, p. es., quanti sostengono che il matrimonio consiste nell'amore. Benché l'amore difatti arrivi a scomparire, rimarrà sempre l'obbligo di amare, sul quale obbligo vien sostenuto ancora il matrimonio nel suo essere: tale obbligo, infatti, dicono, è indissolubile.

Rispondiamo. E' certo che la norma morale non viene distrutta dal suo trasgressore; ma viene solo violata, cioè, non osservata. E', infatti, proprio di ogni norma morale che possa essere violata, permanendo, ciò nonostante, vigente. Anzi, precisamente perchè violata, non vien distrutta, ma risulta più viva la sua *vigenza,* continuando ad imperare o ad esigere il suo adempimento.

7

Però, a noi ora questo non interessa. Sul punto dell'indissolubilità del matrimonio quello che importa è *l'impossibilità della violazione,* impossibilità che si può dare unicamente nel campo del diritto. E' solo in questo campo che possono darsi leggi meramente precettive: violabili ugualmente come quelle morali, e per le quali si può fare lo stesso discorso che abbiamo fatto su quest'ultime. Ma non solo; possono pure darsi le leggi così dette irritanti od inabilitanti. Orbene, queste leggi sono inviolabili; ed è questo il nostro caso: la legge divina che impone l'indissolubilità del matrimonio non è una legge meramente precettiva di non sciogliere il matrimonio, ma irritante ogni atto contrario.

Se tale legge potesse essere violata, la violazione nel caso importerebbe lo scioglimento del matrimonio: scioglimento che non si dà, per quanto il coniuge od i coniugi lo vogliano. E' per questo che nel caso si potrà *intentare* od *attentare* lo scioglimento del matrimonio; ma solo questo. La violazione, invece, della legge, ossia lo scioglimento del matrimonio, non è possibile.

Conseguentemente, quanti, sostenendo che il matrimonio consiste nell'amore, pensano che il matrimonio non si dissolve, cessato l'amore, perché l'obbligo di amarsi non è cessato, ma resta intatto, versano in grande confusione di idee, perché, come abbiamo detto, l'indissolubilità consiste nell'impossibilità di violare la legge. Perciò il coniuge che non ama più o i coniugi che non si amano più, anzi, forse si odiano, possono dire che non hanno violato la legge dell'amore coniugale, per il fatto che essa continui ad obbligarli all'amore coniugale? Se il matrimonio consiste formalmente nell'amore, chi non ama al momento di contrarlo, non lo contrae; e chi, dopo di averlo contratto, cessa di amare, cessa di essere unito in matrimonio.

Cessato l'amore, non cessa il matrimonio

Credo che, supposto quanto ora detto, si potrà capire quale ragione potrebbero avere quelli che affermano che cessato l'amore, che è lo stesso che dire, cessati la *communio vitae* [= comunità di vita], il *consortium* — tutto ciò naturalmente con quanto comportano, nel loro genuino senso maritale — non c'è più matrimonio. Negato il carattere il patto al matrimonio, e sostenendo invece che esso non è che l'amore, essi avrebbero perfetta ragione dicendo che cessato questo, cessa evidentemente il matrimonio. Non l'avrebbero, solo se il matrimonio comporta pure un patto giuridico. Solo questo può cadere fuori dell'ambito del dominio dei coniugi: perché col solo diritto si entra nel campo strettamente sociale: dove l'arbitrio dell'individuo può avere limiti radicalmente assoluti; perché è un campo di tutti; e si devono armonizzare i beni particolari di tutti attraverso quel bene proprio della società come tale, che si chiama *bene comune;* dove, dunque, possono aversi delle leggi precettive, ma dove pure possono aversene delle irritative, cioè, contro le quali « *perperam agitur* », poiché altrimenti i danni al bene comune sarebbero non riparabili in modo debito. In quest'ipotesi, ripetiamo, cessato l'amore, non cessa il matrimonio. In quest'ipotesi, infatti, insieme con l'amore, o la realtà attuale della vita comune, c'è un impegno (sorto dal patto iniziale) di giustizia, di valore dunque sociale, cioè assunto dalla società (o dal suo legislatore) sotto la sua custodia, e che non rimane, quindi più sotto il dominio dei coniugi-individui. Cessato così l'amore, non cessa il matrimonio, *non essendo il matrimonio solo amore.*

Ma ecco in quest'ipotesi e per tale supposto ricuperare tutto il suo valore l'obbligo morale, cioè, l'obbligo di amare, che sopra venne in questione.

Se il matrimonio consistesse unicamente nell'amore, con quanto questo comporta, cessato l'amore, cesserebbe il matrimonio: essendo inutile e senza alcun senso parlare allora di un obbligo di amare; equivarrebbe a parlare dell'obbligo di tornare a contrarre il matrimonio: nessuno, invece, disciolto il suo matrimonio, è obbligato a contrarlo di nuovo. Se, invece, il vincolo giuridico esiste, e cioè se il matrimonio non è disciolto, l'obbligo di tornare all'amore, alla realizzazione della *vita communis,* della donazione mutua in ogni cosa, recupera, come detto, tutto il suo senso. Diremo pertanto, che la *lex iuridica* (*invalidante*) protegge e conserva l'obbligo di quella morale.

A conforto ed illustrazione di questo, mi piace addurre un testo di D'Ercole, quando parla della concezione romana del divorzio, presentata da quegli autori che pensano che il matirmonio per i Romani del tempo classico fosse consistito nel continuo perdurare dell'*affectio maritalis.* « Il matrimonio, scrive D'Ercole, concepito come posto in essere e mantenuto in vita dalla *vitae consuetudo* [= comunità di vita] e dall'*affectio maritalis,* reclama per sé la libertà più assoluta del divorzio e comporta un automatismo tale, secondo il quale il matrimonio cade ... al solo cessare della *vitae consuetudo* »[11]. Poi, così questo autore, come l'altro specialista in mate-

---

[11] D'Ercole, *Il consenso degli sposi e la perpetuità del matrimonio nel diritto romano e nei Padri della Chiesa,* Estr. da SDHI. 5, 1939, 38.

ria, E. Volterra, quando nel tempo postclassico romano s'incontrano con l'indissolubilità del matrimonio, almeno in determinate ipotesi, presso i Romani, e precisamente per influsso del Cristianesimo, si vedono costretti a pensare ad un cambiamento di concezione dei Romani quanto al matrimonio. Vedono infatti che con la teoria dell'*affectio* [= amore coniugale] come unico elemento costituente il matrimonio, non può salvarsi l'indissolubilità; e ricorrono al patto, col vincolo che ne emerge, il quale non sparisce, cessata l'*affectio* e la *vitae consuetudo individua* [12]; né può sciogliersi con atto contrario.

Coesistenza dell'amore col patto iniziale del matrimonio

E' chiaro che tanto l'attività relativa all'*affectio* (amore), quanto quella relativa al consentire o fare il patto matrimoniale, procedono dalla volontà. Eppure, sono attività formalmente diverse. Per l'una, ossia per l'amore, i coniugi vogliono l'*unum* (una sola cosa) *esse: communio vitae, una caro*. L'amore tende a fare delle due persone una sola cosa. E' la suprema comunicazione *corpore et spiritu* fra le persone umane. Per l'altra, ossia per il consenso-atto (con natura di patto), un coniuge si dà tutto all'altro nella reciprocità perchè si dia e perché si da pure l'altro a lui. Qui interviene formalmente la giustizia. L'uno dispone del corpo dell'altro e viceversa, con esigenza di stretta giustizia. E' così che si dà una coincidenza o un incontro materiale fra l'amore e la giustizia: esattamente nell'*unum* (una sola cosa) che viene effettuato, sia attraverso la giustizia che attraverso l'amore; però la via formale per arrivarci è diversa, poiché l'amore non tende formalmente al *do ut des* (impegno mutuo), ma all'*unum* direttamente; la giustizia, invece, arriva, sì, all'*unum* ugualmente, ma attraverso una esigenza mutua. Per l'amore uno si dà, per la giustizia uno domanda, poichè dà.

Supposto questo, abbiamo visto sopra come dopo contratto il matrimonio è possibile una mancanza di coincidenza simultanea tra l'amore e la giustizia; può infatti mancare quello, persistendo questa ancora come esigenza, come vincolo giuridico realmente esistente, che fa, perciò stesso, permanere non l'amore attuale — dell'esistenza del quale dispone la volontà — ma l'obbligo di tornare ad amare *per quanto sia possibile*.

---

[12] Cf. VOLTERRA, *La Conception du mariage d'après les juristes romains*, Padova 1940, p. 58.

Il presupposto della indissolubilità

Ma che dire del momento di contrarre il matrimonio? Potrebbe avere luogo il patto di giustizia senza la presenza dell'amore? Se l'attività di amore della volontà consiste da parte dei coniugi nel volere farsi *unum: individua vitae consuetudo, una caro*... non vedo come senza questo, in qualche grado, benché minimo, almeno, possa darsi od esplicarsi una esigenza di giustizia, od un impegno per arrivarvi. Obbligarsi per l'unione alla quale la volontà non tende non ha senso. Si tenga presente però che non intendiamo per amore nel caso l'affezione sensibile. Tale difetto ben può essere superato e vinto dall'impero spirituale della volontà, cioè, dalla sua tendenza, fondata sulla ragione, illuminata, dunque da questa, relativamente all'unione matrimoniale, con quanto questa comporta.

Due esempi sogliono venire traslativamente opposti alla tesi ora prospettata, cioè quello dei matrimoni preparati in diverse regioni del mondo dai genitori, senza che una parte, specialmente la sposa, abbia neppure visto il futuro marito fino al momento delle nozze, come pure quello dei matrimoni di tipo dinastico-politico, dove poté o può verificarsi la mancanza di precedente conoscenza personale fra i due che si sposeranno.

In ambedue le ipotesi può ben aversi quel minimo grado di tendenza a voler diventare l'*unum quid* [= l'una sola cosa] postulato dal matrimonio con la persona non ancora conosciuta (di averla vista), presupposto che non abbia avuto luogo la paura in qualcuna delle due. Più difficile sarebbe, infatti, l'ipotesi dove è precisame il consenso dei contraenti che non conta, ma solo quello dei genitori. Nei paesi dove queste consuetudini vengono ancora ritenute, è possibile negare che, in virtù della stessa consuetudine, i figli non assecondino la volontà dei parenti. Se però avvenisse il caso concreto in cui uno di questi ripugnasse effettivamente il matrimonio con la persona assegnatagli, ed in nessun modo volesse donarsi, chi potrebbe considerare tale unione come matrimonio, alla luce del genuino diritto naturale?

Georges Cruchon, s. j.
Professore di Psicologia Pastorale

PSICOLOGIA DINAMICA E VALIDITA' DELL'IMPEGNO MATRIMONIALE

Da sempre la Chiesa ha ritenuto che, per essere valido, il matrimonio deve essere contratto con *cognizione di causa* e implicare un *libero consenso* da parte dei due battezzati che lo contraggono.

Ma tale cognizione di causa, cioè la cognizione di ciò a cui ci si impegna, comporta molti gradi. I tempi sono cambiati. Un numero sempre crescente di giovani intraprende studi medi e superiori; di conseguenza il loro livello culturale, accresciuto ancora dai mezzi di informazione, li spinge a compiere atti più consapevoli e più responsabili, soprattutto quando essi si impegnano per la vita. Essi vogliono sapere meglio che cosa comporta il matrimonio e il sacramento del matrimonio, tanto più che la Chiesa dice loro che sono *essi stessi ministri* del proprio matrimonio. Una volta forse i giovani ritenevano il sacramento del matrimonio come una benedizione data da un sacerdote a due battezzati che intendevano sposarsi. Era il sacerdote che sembrava svolgere il ruolo principale. Anche al municipio, era l'ufficiale di stato civile che sembrava dichiarare sposati i contraenti. Oggi questi atti ufficiali sono considerati piuttosto come formalità, e non mancano giovani che ne riprovano il carattere estrinseco, ritualistico, o formalistico, quando il matrimonio è già contratto nel cuore. Non sempre però essi si rendono pienamente conto che tale dono delle loro persone e dei loro corpi — già compiuto interiormente — ha bisogno di essere reso esplicito davanti alla Chiesa e allo Stato, che se ne rendono garanti. Infatti se — come dice S. Paolo — « questo sacramento è grande agli occhi di Cristo e della Chiesa »[1], esso deve rivestire una certa solennità.

Cerchiamo quindi innanzitutto di chiarire che cosa comporti la conoscenza di un impegno come il matrimonio agli occhi di Dio e di coloro che lo contraggono.

I

In primo luogo, diciamo che *la conoscenza richiesta non è soltanto la conoscenza del fatto* che il matrimonio è un sacramento e che impegna per la vita. Infatti esso non è solo un contratto di danaro (quello della dote), ma un contratto d'amore stipulato per

---

[1] Eph. 5,32.

la vita tra due persone libere e adulte. L'oggetto del dono sono i contraenti stessi. Il dono di sé fatto per sempre a un altro *suppone che non si cerchi di ingannare se stessi né di ingannare l'altro* su ciò che si è veramente, *ma che ci si conosca e ci si faccia vicendevolmente conoscere* quali si è. Forse si era troppo trascurata questa esigenza di reciproca lealtà e si considerava il matrimonio una specie di trappola in cui, attratti dall'esca, ci si lasciava prendere o si cercava di prendere l'altro, e in cui ci si trovava quindi presi, senza poterne uscire, con l'avallo stesso della Chiesa. Di qui rimpianti tardivi e risentimenti contro il proprio compagno e contro la religione. « Non lo sapevo; mi sono sbagliato »: questi gli amari sentimenti espressi dagli sposi disillusi.

E poiché stiamo parlando appunto dell'esca, ne consegue che la conoscenza di sé o dell'altro non può limitarsi alla presa di coscienza del desiderio sessuale ed erotico in se stessi o nell'altro. La conoscenza implica sempre, se uno vuol essere sincero nei confronti di se stesso e leale nei confronti dell'altro, che *si conoscano* e *si facciano conoscere* sufficientemente le proprie *debolezze,* deviazioni e carenze *in materia sessuale* (che saranno causa di tante amare incomprensioni) e che si ottenga la stessa conoscenza da parte dell'altro: il periodo del fidanzamento è fatto appunto per questo. Ma tale conoscenza esige anche che l'uno riveli all'altro *il proprio carattere nella vita quotidiana* — al di fuori degli incontri momentanei, in cui ci si fa vedere sempre sotto una buona luce — i propri sentimenti, le proprie *aspirazioni,* il proprio ideale, nell'ordine umano, spirituale e soprannaturale, che dànno al matrimonio il suo pieno significato, umano e cristiano. Sposarsi soltanto o soprattutto per il piacere e il godimento, senza ricercare un vero dialogo in profondità, uno scambio di vicendevole affetto, sarebbe un errore grossolano, un inganno gravissimo, una specie di peccato mortale, gravido di conseguenze per sé e per gli altri.

C'è stato un tempo, forse non del tutto passato, *in cui l'uomo era praticamente solo a prendere l'iniziativa del matrimonio.* La donna doveva soltanto acconsentire alla scelta che egli ne faceva e ritenersi fortunata di essere stata scelta, senza che il giovane si fosse veramente fatto conoscere da lei. Egli aveva piuttosto cercato di sedurla con chiacchiere e con regali, mentre aveva tenuto nascoste le proprie debolezze, per le quali forse pensava che il matrimonio potesse costituire un rimedio, mentre ciò è vero solo in minima parte.

Certo, la fidanzata cercava anch'essa di attirare il futuro sposo e si mostrava quindi trasportata verso di lui. Ma tale trasporto riusciva solo ad accrescere la sensazione, da parte del fidanzato, di averla in suo potere. Egli la giudicava perciò consenziente alle sue iniziative. Nelle leggi si tollerava che l'uomo ingannasse la propria moglie senza che questa avesse gli stessi diritti. Il meglio che la donna potesse fare, era di non aggravare la propria condizione di moglie legittima, sopportando con pazienza la degradazione e le angherie di donna tradita.

I tempi sono cambiati. Le *ragazze di oggi* non accettano più di essere oggetto d'una scelta o d'una voglia altrui, che non comportano né il dono generoso di sé, né la manifestazione delle proprie vere aspirazioni. *Non vogliono più essere prese senza sapere,* ma vogliono impegnarsi con piena consapevolezza nei confronti di un marito che non le dovrà trattare come inferiori. La loro istruzione, spesso uguale o superiore a quella del fidanzato, permette loro di porre delle condizioni e di far presenti le proprie esigenze riguardo ai rapporti sessuali e alla loro frequenza, al numero dei figli desiderati, al diritto di esercitare una professione fuori di casa. Questa indipendenza si è manifestata anche nei contratti di matrimonio, in cui la dote è sempre meno proprietà indivisa della coppia, come un tempo, in cui era praticamente a disposizione del marito che estorceva, se era necessario, il consenso della moglie. La libertà riconosciuta ora alla donna di disporre del denaro che ha potuto guadagnare e di sottoscrivere per proprio conto atti giuridici, ha contribuito a farne una donna non più necessariamente sottomessa.

Ma contemporaneamente si è resa più necessaria la conoscenza reciproca da raggiungersi prima del matrimonio. Se infatti i due sposi considerano se stessi e vengono considerati dalla legge come aventi uguali diritti, se la legge civile permette il divorzio, il matrimonio è diventato al tempo stesso più esposto a una rottura di fatto da parte dell'uno o dell'altro, e non più di uno solo dei contraenti. Esso deve quindi costituire l'oggetto, tanto per l'uno come per l'altro, d'una riflessione più seria, d'una conoscenza vicendevole più approfondita. Ne deriva anche che ciascuno dei due *partners* deve conoscere meglio la capacità propria e quella dell'altro a esprimere propositi fermi, che possano essere mantenuti nell'avversità, sopravvivere ai momenti di crisi e che quindi si basino su valori permanenti che sorpassino le attrattive erotiche e i cambiamenti di umore. Non essendo più la fedeltà assicurata come prima dalla costrizione legale, né dalla pressione della famiglia o dell'opinione pubblica, si è reso più necessario, per contrarre un matrimonio duraturo, sapere se i contraenti sono giunti alla *maturità psicologica,* la quale permette di impegnarsi per sempre, indipendentemente dagli obblighi giuridici.

Nella misura in cui oggi la Chiesa non potrà più contare sulla forza delle leggi civili per assicurare la fedeltà all'impegno matrimoniale, *essa dovrà esigere sempre più dai fidanzati che questi siano giunti a una vera maturità psicologica,* la quale si manifesta mediante una sufficiente stabilità affettiva, la capacità di prendere decisioni consapevoli e di attenervisi, un retto giudizio sulle persone e sulle cose, la fedeltà alla parola data, la preoccupazione della giustizia, i rapporti di cortesia con gli altri [2]. Se queste doti sono richieste per ordinare un futuro sacerdote, lo saranno ancor più per contrarre un matrimonio religioso, indissolubile per natura.

Si riscontra del resto oggi nella Chiesa una maggiore preoccupazione per far sì che i sacramenti non siano più solamente atto rituale, come erano troppo spesso diventati, o una sorta di atti magici, ma atti consapevoli, che impegnano la responsabilità personale. Si tratti del battesimo o della cresima, oggi si richiede dai genitori o dai tutori che si impegnino ad assicurare al bambino, con il battesimo, quella vita cristiana di cui essi stessi daranno l'esempio, e che il cresimando non riceva il sacramento senza aver preso una decisione personale. E' richiesto anche che la confessione sia accompagnata da espressioni di pentimento, da formule più personali, e che il sacramento dei malati non sia più una semplice unzione somministrata all'ultimo minuto a un morente che non ha più conoscenza.

Ma forse si potrebbe obiettare che se il matrimonio dei battezzati richiede che ciascuno di essi sia giunto alla piena maturità, molti matrimoni di immaturi sono da ritenersi invalidi. E' questo un grave problema che obbligherà a precisare in che cosa consista la maturità indispensabile. Vi ritorneremo sopra più avanti. In ogni caso *le condizioni poste dalla Chiesa* per benedire un matrimonio cristiano *dovranno rendersi più esplicite* in ciò che concerne la fedeltà, i rapporti leciti o illeciti nel matrimonio, l'uso dei mezzi contracettivi, il ricorso all'aborto, l'educazione cristiana dei figli, ecc. Chi non volesse accettare queste esigenze d'un matrimonio cristiano degraderebbe o profanerebbe il sacramento di cui egli stesso è ministro e non potrebbe chiedere a un sacerdote di prestarsi consapevolmente a una simile profanazione o a qualche altra cerimonia religiosa equivoca.

---

[2] Cf. *Optatam totius,* n. 11.

Tornando quindi sulla questione di farsi conoscere l'uno all'altro sinceramente e senza nascondere i propri sentimenti o le proprie tendenze abituali, gravemente nocive alla buona e durevole intesa, appare evidente che, *per manifestarsi agli altri con sincerità, è necessario conoscere prima se stessi*. Ora la conoscenza di sé, secondo quanto dicono gli psicologi odierni, *non è così facile come si crede*. Non solo ci dispiace ammettere i nostri difetti, ma con la migliore buona fede del mondo non vediamo noi stessi come ci vedono gli altri. Con un metodo oggi abbastanza facile a realizzarsi, la visione di un film sonoro e visivo registrato (*video-tape*) dei nostri interventi in un gruppo, ci stupisce e talvolta ci lascia perfino sconcertati[3]. E' vero che la ripresa isola certi aspetti del nostro comportamento, del nostro volto, delle nostre reazioni e insieme le ingigantisce (a volte intenzionalmente). Ma, al di fuori di questo, il suono della nostra voce non è lo stesso per noi e per gli altri, e molti piccoli difetti o reazioni, significative per gli altri, sfuggono a noi stessi. Ci tradiamo, senza volerlo, anche con amici indulgenti. E se chiedessimo loro come ci vedono e come interpretano il nostro carattere, la loro franchezza, difficilmente ottenibile, potrebbe spesso sorprenderci molto. A maggior ragione resteremmo sorpresi se ci rivolgessimo a persone neutrali, né particolarmente amiche né particolarmente ostili.

Si trarrà quindi un vantaggio, se si vuole conoscere se stessi e farsi conoscere quali si è per gli altri, ad interrogare amici o persone abbastanza neutrali circa l'immagine che diamo di noi stessi. E d'altra parte sarà vantaggioso chiedere agli amici e ai conoscenti del nostro futuro coniuge che cosa pensano di lei o di lui. Ciò è tanto più importante in quanto, nel corso del fidanzamento, sotto l'effetto dell'attrazione amorosa che i fidanzati esercitano tra loro, anche involontariamente, noi ci mostriamo sotto una falsa luce. Freud stesso ha sottolineato che lo stato amoroso somiglia a uno stato di ipnosi[4] in cui appare un'altra personalità, una specie di seconda personalità, generosa, trasfigurata, mentre la realtà è tutt'altra e si rivela troppo tardi, dopo la luna di miele[5]. Ma non andiamo a chiedere queste informazioni ad amici troppo compiacenti o a persone troppo interessate a che il matrimonio si faccia, come i genitori, gli zii o le zie del futuro compagno. Il loro giudizio sarebbe troppo parziale; essi guardano troppo al proprio tornaconto. Chiediamo quindi il giudizio

---

[3] Cf. Y. BOURRON, in *Etudes*, nov. 1974, pp. 557-562.
[4] FREUD, *Psicologia di massa*, cap. 8.
[5] Dr. J. G. LEMAIRE, *Les Conflits conjugaux*, Paris, E.S.F. 1966, pp. 50-55.

su lui o su lei a coloro che li hanno conosciuti come compagni di studi e di giochi, o come vicini. Informiamoci su ciò che ne pensano i loro vecchi maestri o i datori di lavoro, ma senza cadere negli odiosi eccessi di un'indagine poliziesca. C'è modo e modo di chiedere e ottenere queste informazioni e di parlarne quindi, a cuore aperto, per ottenere chiarimenti dal futuro compagno.

Se è così relativamente facile rettificare l'immagine che ci facciamo di noi stessi e del nostro compagno, *è molto più difficile,* come hanno dimostrato gli psicologi dell'inconscio, *sapere quali sono i conflitti mal risolti che covano nell'intimo di noi stessi* e che possono falsare seriamente i nostri rapporti con lui, specialmente nel campo sessuale o puramente affettivo.

Questi conflitti risalgono spesso infatti a un passato lontano, coperto dall'oblio o represso dall'angoscia. Essi riguardano le prime immagini che ci siamo fatte dei nostri genitori, i sentimenti originari nutriti nei loro riguardi e che non sono mai stati sufficientemente superati o integrati in seguito. Restano come una spina nel fondo della nostra sessualità di base e della nostra affettività nei confronti di un soggetto dell'altro sesso o del medesimo sesso. Queste immagini o sentimenti agiscono sulle nostre tendenze sessuali e sulla scelta del compagno. Vi sono inibizioni, o al contrario ossessioni, le quali falsano il rapporto ideale che vorremmo avere con il compagno da noi scelto, o ci impediscono di scegliere il compagno più adatto per noi.

Sono oggi più noti gli esempi di quegli errori di scelta, che si potrebbero chiamare « errori sulla persona » e che sono analoghi ad altri errori, più facilmente riparabili, che possiamo commettere riguardo alla nostra « vocazione ». Il nostro inconscio, già in virtù della genetica, è popolato di immagini, che ci orientano e ci governano in una certa misura. Lo stesso atto sessuale è guidato da rappresentazioni, in parte innate, in parte acquisite, alla stessa stregua — come si è potuto dimostrare — della ricerca della mammella da parte del neonato.[6] In virtù di tali immagini e della propria esperienza, il ragazzo attaccato alla madre in un'età in cui avrebbe già dovuto staccarsene abbastanza, o la ragazza attaccata al padre, tendono a ricercare nel compagno che stanno per scegliersi un essere che rassomigli a quello o a quella che hanno amato e amano ancora in maniera troppo sensuale ed egoistica. Al contrario, possono respingere qualcuno che ricordi loro il genitore contro il quale nutrono sentimenti ostili.

---

[6] Cf. Dr. RENÉ SPITZ, *Le Non et le Oui*, Paris, P.U.F. 1962.

Così un marito giovane non arriva a controllare la propria attività sessuale e in pochi secondi porta a termine l'atto coniugale, tanto che la moglie si sente frustrata. Ma si tratta di un uomo che, sin dall'infanzia, si è eccitato sessualmente pensando alla madre che adora e dalla quale è ancora adorato. Al momento dei rapporti coniugali gli capita perfino di pronunciare la parola « mamma ».

Una fidanzata, dopo essersi quasi impegnata, sembra tirarsi indietro. Esita, e a momenti sembra assorta nei propri pensieri e come assente. A chi le chiede ragione delle sue perplessità, risponde: « Lo amo, ma mi fa paura ». Ora, quella paura è legata ad eventi familiari e il fidanzato le ricorda il volto del padre che l'ha fatta soffrire.

Allo stesso modo può influire la proibizione dell'incesto. Così un marito di natura indecisa ha incontrato la sua donna quando era studente e del tutto disorientato. Dopo averlo aiutato ed essersi attaccata a lui, essa ha voluto costringerlo a sposarla. A lui non andava, ma sono intervenuti i genitori e ha avuto luogo il matrimonio. Il risultato è che quel marito rimane impotente davanti alla moglie che lo domina e gli ricorda la figura della madre. Appena rinuncia a vincere quella resistenza involontaria, l'attività sessuale si svolge regolarmente.

Potrebbe quindi essere utile, almeno in certi casi di esitazioni sintomatiche, *unire alla consultazione medica prescritta* prima del matrimonio, *una consultazione psicologica* in un centro di consulenza matrimoniale, o anche chiedersi se si è raggiunto un certo distacco riguardo ai desideri sessuali, che sono legati all'immagine paterna o materna, e se si sono parimenti superate le ostilità dell'adolescenza nei confronti dei genitori. Paradossalmente, è proprio quando un giovane si è riconciliato con i genitori che è maturo per staccarsene. E' anche questo un segno di maturità, conforme del resto a quanto esige il Vangelo allorché dice: « L'uomo lascerà il padre e la madre, sposerà una donna e saranno due in una sola carne ». Parole di una portata assai più profonda di quanto si pensi e le quali dimostrano che non solo per entrare nella vita religiosa si deve lasciare il padre e la madre, ma anche per entrare nella vita coniugale. E' necessario aver superato i legami troppo narcisistici dell'infanzia e dell'adolescenza ed essere giunti — come è ben chiaro oggi — a un tipo di amore fatto di generosità e di donazione. Anche i genitori, da parte loro, devono favorire questo dono, che impone loro necessariamente un grande sacrificio.

II

Conoscenza di ciò che si compie, di ciò a cui ci si impegna, ma anche conoscenza di sé e del proprio compagno: sono queste le condizioni essenziali di un matrimonio responsabile e valido.

Ma — come abbiamo detto all'inizio — *è necessario inoltre che i contraenti diano un libero consenso* a tale impegno.

Ora, anche qui la psicologia ha in parte modificato l'idea che ci facevamo di un consenso libero, del nostro vero grado di libertà, molto più limitato di quanto pensiamo. Senza cadere nel determinismo radicale di tutti i nostri atti, sostenuto da Freud, *bisognerebbe forse rivedere il concetto di « volontario » e di « involontario »* riguardo alle nostre libere scelte.

Si è ammesso per lungo tempo che *la costrizione esterna,* fisica o morale, potesse impedire che un atto umano fosse libero. E' certo che la presenza in chiesa, al momento del matrimonio, di genitori che si ingeriscono indebitamente nel « sì » del proprio figlio prima che questi lo pronunci e mentre lo sta pronunciando, può rendere invalido quell'apparente consenso. Non ci si può impegnare a un atto così importante della vita per paura o per far piacere ad altri. Ma è chiaro — dopo quanto abbiamo detto nella prima parte — che il ragazzo o la ragazza, ancora troppo legati ai genitori sul piano affettivo o emozionale, non sono ancora giunti al grado di libertà necessario a un impegno di adulti.

O — per meglio chiarire il problema — se è vero che la minaccia esterna, manifesta o tacita, vizia gravemente il consenso, si deve anche ammettere che *l'angoscia interiore, chiamata super-io dai freudiani, può essere altrettanto e anche più coercitiva.* E' noto che l'immagine del genitore, amata, ammirata o insieme temuta e detestata, viene assimilata dal figlio, « introiettata » come si dice, nella sua persona in maniera per lo più inconscia, e che essa incide sulla sua libertà. Se l'*io* di quel ragazzo non è abbastanza forte da rendersi indipendente e liberarsi di ciò che ha di minaccioso quella immagine; se il giovane, uscendo dall'adolescenza, resta vittima delle conseguenze di quella formazione, che assume un andamento nevrotico, il suo grado di libertà non è così grande come sembra o come gli sembra.

Egli potrà allora reagire, sembrare un altro, credersi libero e farsi credere tale dagli altri, *con un atto di volontà* contrario a tutte le sue più profonde tendenze. *Ma in un atto come il matrimonio,* che impegna tutto l'essere — corpo, cuore e mente — *è sufficiente una libertà espressa* dalla parte superiore della mente, *contro tutte le tendenze dell'uomo*? Si tratta infatti d'un atto di tutto l'uomo, d'un consenso di tutto l'uomo, e non solo d'un atto della pura volontà spirituale. Altrimenti il peso si rivelerà impossibile da sopportare, come si può constatare, anche nelle vocazioni al celibato a cui si impegnano individui dominati dall'angoscia, da un bisogno di vincersi che si esprime mediante una certa crudeltà verso se stessi, da una reazione sproporzionata alla propria reale debolezza, da un bisogno di superare una profonda ambivalenza che è durata anche troppo e della quale uno crede di potersi liberare. Fra questa pretesa libertà e una vera libertà interiore accompagnata dalla letizia e dalla pace intima, derivante da un dono di se stessi veramente consapevole, c'è una grande distanza.

Impegnandosi a una vita di rinunce, in cui si sacrificano aspirazioni legittime, è ancora comprensibile che la consacrazione di sé comporti una certa sofferenza, la quale del resto deve essere in certa misura superata dalla gioia del dono generoso fatto di sé. Ma nel matrimonio, dove tutto il potere di amare, sia di ordine sessuale che di ordine affettivo e spirituale, tende e deve tendere a un dono completo di sé, non ci si può accontentare di un dono fatto puramente dalla volontà, a scapito di tutto il potere istintivo e affettivo di amare.

Per meglio capire questo problema, diamo alcuni esempi di tali angosce, ambivalenze, dissociazioni della personalità, le quali possono far pensare che, malgrado certe apparenze esteriori, l'atto non sia stato compiuto con sufficiente libertà.

Ecco, ad esempio, *una giovane studentessa,* ben dotata intellettualmente e desiderosa di darsi, ma che ha sofferto di mancanza di affetto in seguito al divorzio della madre, la quale ulteriormente ha convissuto con altri due uomini. Non potendo sopportare né il carattere della madre, né questi uomini i quali non nutrivano affetto per lei, ha lasciato la casa per andarsene a studiare lontano ed è stata avvicinata da uno studente, attratto dalle sue doti di cuore e di mente. Da parte sua, essa provava nei confronti del pretendente *sentimenti contrastanti,* perché le sembrava che egli non potesse darle quella tenerezza maschile che aveva riscontrata nel padre e che le era venuta disgraziatamente a mancare. Siccome il giovane insisteva, essa acconsentì, ma alcuni giorni prima del matrimonio apparve nervosa e agitata; scomparve il sonno, si manifestarono turbe di memoria, e durante una discussione con il fidanzato, avvenuta due giorni prima del matrimonio, nella quale apparivano chiaramente le sue reticenze, ebbe uno svenimento. Tornata in se stessa e interrogata da quelli che le stavano intorno, dichiarò che non aveva « motivi » per rifiutare il matrimonio, ma che « provava » una specie di oscura resistenza al momento di decidersi. Volle tuttavia sforzarsi di vincere tale resistenza e, dietro le pressioni degli amici, ebbe il matrimonio. Ma le resistenze inconsce si manifestarono anche, fin dalla prima notte, e malgrado le carezze del marito, con un doloroso blocco degli organi. Le cose non andarono meglio in seguito. Si parlò di intervento chirurgico alle ovaie. Ma nel frattempo, durante le vacanze, mentre il marito prestava servizio militare, essa incontrò un giovane ufficiale con il quale ebbe rapporti sessuali del tutto normali ... Il linguaggio del corpo aveva dunque rivelato certe reticenze e il suo « sì » era stato solo un « sì » della volontà, favorito anche dalle pressioni dei vicini e dall'imminenza della cerimonia.

In un altro caso è l'uomo che, essendo insieme scrupoloso e poco esemplare nella sua condotta (frequentava le prostitute e si masturbava spesso) e combattuto così tra due modi di vita estremamente contraddittori, si crede obbligato a sposare una ragazza di buona famiglia, con la quale ha avuto intimità piuttosto spinte. Più si avvicina il giorno del matrimonio, più aumenta in lui la paura di fare « il più grosso errore della sua vita », di entrare in una famiglia perbene dove esistono delle malattie mentali. Trascorre parte della notte in preghiera e viene rinvenuto ginocchioni nella propria camera mentre tutti gli invitati sono in chiesa, indeciso ma convinto che è obbligato a dire quel « sì », che infatti sta per pronunciare. Quale è il grado di libertà e di responsabilità di un uomo in una simile disposizione compulsiva?

Oltre queste forme di nevrosi, che si manifestano — quando si tratta di compiere nella vita atti importanti — con vuoti di memoria, turbe emotive, svenimenti e crisi di pianto, blocchi motorii (come avviene nell'isteria), o con esitazioni, scrupoli, dubbi, ripensamenti, compulsioni e talora liberazioni violente contrarie al proprio pensiero (come si riscontra nelle psicoastenie o nelle nevrosi ossessive), *vi sono ancora forme più profonde di dissociazione della personalità, che appartengono alle psicosi,* propriamente dette. Esistono individui colpiti da gravi sdoppiamenti di personalità, soggetti a dissociazioni di cui nessuna fase rappresenta la loro vera personalità, a momenti di esaltazione e di depressione che non possono impegnare sufficientemente la responsabilità in modo duraturo, ad ambivalenze profonde in cui il senso del reale, la coerenza del pensiero, la volontà di esistere per sé come per gli altri sono gravemente colpite. In questi disturbi affettivi e mentali, più o meno « alienanti », che cosa rappresenta un impegno? « Alienato » vuol dire appunto « privo di libertà ».

Si dovranno pertanto considerare come nulli gli impegni di tutti quegli individui che, al momento del matrimonio, davano segni dei loro disturbi mentali? Ma allora, si dovrà anche rifiutare il matrimonio cristiano a quegli stessi individui, a meno che un medico qualificato si renda garante della loro capacità di intendere e di volere? E *che dire inoltre dei deboli di mente,* il cui numero è molto rilevante — come è ben noto oggi — e che desiderano sposarsi? L'instabilità mentale impedirebbe loro di contrarre il matrimonio cristiano?

Tutti questi casi. — a quanto pare — *propendono per un esame* psicologico prematrimoniale *più approfondito* e per l'aumento di centri di consultazione e di formazione, organizzati dallo Stato e dalla Chiesa, nell'interesse stesso delle famiglie e per evitare le tragiche conseguenze di impegni presi alla leggera. Ma non si potrà mai evitare che appaiano, dopo parecchi anni di matrimonio, certi sintomi patologici che prima non erano stati sufficienti ad impedire di impegnarsi per la vita. Chi si impegna deve accettare di correre qualche rischio, come deve accettare i possibili rischi di morte o di malattie fisiche del coniuge.

III

Ma *a questo punto* del nostro discorso *si presenta una difficoltà* che deve essere risolta.

Spesso sono i dissensi, i litigi, i cambiamenti di umore o gli atti di crudeltà, *che sopravvengono dopo alcuni anni* dal matrimonio, *a portare* i coniugi, o uno di essi, *a chiedere il divorzio o l'annullamento del matrimonio.* Si tenta allora di scoprire che già prima del matrimonio esistevano difetti di carattere e sintomi premonitori di disturbi psichici, che di conseguenza vengono ingigantiti. Non si era forse dato abbastanza peso alla loro importanza, o in ogni caso si era accettato, nell'euforia del momento, di correrne i rischi. E ora vengono chiamati in causa per provare la nullità del contratto e del sacramento.

Si può rispondere che, se non si potevano prevedere tali conseguenze, esse *fanno parte* — come abbiamo detto — *dei rischi* da accettare in anticipo. Se d'altra parte si potevano prevedere e si sono state accettate, sarebbe sleale chiamarle in causa per far annullare il matrimonio.

Ma vorremmo piuttosto richiamare l'attenzione sul fatto che queste crisi, esplose spesso a parecchi anni dal matrimonio, *non si sarebbero forse verificate se i coniugi si fossero prima sforzati di comprendersi,* di sopportarsi e di amarsi, nonostante le loro differenze di carattere. Prima che le cose si complicassero al punto di rendere impossibile o pericolosa la vita in comune e nuocere all'equilibrio affettivo dei figli, è trascorso un certo tempo in cui la buona volontà e l'amore reciproco avrebbero potuto consentire di superare i conflitti. Non si deve credere alla fatalità, se si ammette un margine di libertà, una possibilità di maturazione e di progresso a vantaggio di un amore, forse non giunto a uno stadio di donazione ideale, ma che vi sarebbe anche potuto giungere. Anche qui *l'intervento di consiglieri coniugali* consultati in tempo, o un ambiente familiare e sociale favorevole, avrebbe potuto evitare in molti casi la rottura definitiva. Che cos'è infatti la psicoterapia, se non un trattamento psicologico prestato a individui rimasti fragili, affettivamente handicappati e che giungono a conquistare la propria libertà, grazie alla comprensione e all'aiuto dato loro da persone preparate a questo tipo di servizio sociale?

Non sarebbe quindi onesto concludere che facesse difetto il vero amore coniugale al momento del matrimonio per il fatto che non ce n'è più al momento del processo per nullità. Se i gravi sintomi nevrotici cui abbiamo accennato, e di cui solo gli esperti sono giudici in contrapposizione agli avvocati; se i primi tempi del matrimonio non hanno dato luogo a disordini o dissensi gravi, le alterazioni del legame coniugale sono forse dovute alla mancanza di sforzo e di buona volontà. Come hanno dimostrato recenti studi compiuti da esperti di questioni coniugali negli Stati Uniti, tutte le coppie, felici o meno, incontrano difficoltà, e difficoltà della stessa natura. La differenza fra loro sta nel fatto che le prime hanno saputo sforzarsi per andare d'accordo, perdonarsi e concedersi momenti di *reciproco amore* e non soltanto per esigere l'uno dall'altro godimenti sessuali. Ciò si raggiunge se si ha il coraggio di confidarsi in tempo, invece di aspettare che le piaghe si aggravino.

Ma può avvenire, al contrario, *che l'ambiente circostante contribuisca,* consapevolmente o meno, *ad aggravare i dissensi.* Talvolta le famiglie non sono le meno responsabili. Un padre il quale ritenga che il figlio abbia fatto una cattiva scelta, o una suocera che detesti il genero, cercano di distogliere il figlio o la figlia dall'amore, pur sincero, che avevano manifestato in principio per il proprio compagno. Sono essi stessi, talvolta, che cercano loro un altro partito. Possono anche esserci altri stimoli che provengono dall'ambiente, inteso nel senso più largo, come ad esempio da una domestica, che ha preso a malvolere l'intrusa e di cui è vittima il marito ch'essa aveva coccolato quando era bambino.

Ritroviamo allora quelle forme di pressione che derivano dalla società e dalla cultura. Nella misura in cui la società non sostiene le volontà deboli, ma si limita a emanare leggi punitive per coloro che divorziano o, al contrario, si dimostra « permissiva », essa è in parte responsabile delle separazioni che si verificano. Lo si vede anche oggi a proposito dell'aborto. L'individuo solo, privo di sostegno affettivo da parte della famiglia e della società, non può spesso trovare il modo di rendersi libero per amare colei che pure ha liberamente scelta. Egli è ancora una volta « alienato », privo di libertà.

Ma forse si dovrebbe rilevare che la stessa passione amorosa può alienare.

Forse si è creduto troppo finora che solo la minaccia esterna o la minaccia interna di un super-io coercitivo privassero l'uomo della propria libertà. Al contrario, il desiderio sessuale, *la libido* che spinge all'unione dei sessi, sembravano favorire l'incontro e l'amore; anzi, secondo l'ottica freudiana, la *libido* è l'essenza dell'amore.

Ma se è vero — come è stato detto — che l'amore coniugale richiede l'esistenza dell'attrattività sessuale, esso richiede anche l'esistenza di un tenero amore affettivo, che non dipende completamente dalla *libido* e che contribuisce anzi a temperarne gli eccessi. Esso richiede inoltre un amore d'indole spirituale e, nel cristiano, un amore soprannaturale fatto di carità, destinato appunto a rendere generoso e pieno di dedizione l'amore che possono donarsi due esseri umani, i quali realizzano con la loro alleanza l'immagine dell'unione di Cristo con la sua Chiesa, alleanza indefettibile malgrado le deficienze e le sofferenze che i membri di quella chiesa possono cagionare.

Di conseguenza bisognerà pur riconoscere che la passione non integrata e non dominata — non controllata cioè dalla ragione e dall'amore generoso — aliena l'uomo, agisce contro la sua libertà di cristiano. Gli rimane senza dubbio la libertà dell'animale sottomesso alle proprie passioni e ai propri desideri, libertà parzialmente temperata da un residuo di razionalità, ma anche facilmente posta al servizio della pasione per viziarla, esacerbarla e pervertirla. Se si chiama tutto ciò libertà umana, come ritiene una società permissiva, ci si sbaglia completamente. Sarebbe più giusto chiamare libertà quella del fidanzato o del marito che sa controllarsi e vivere castamente prima e durante il matrimonio. Una volta sposato, il suo sarà un amore completo che, lungi dal creare l'incompatibilità e la violenza, favorirà l'atto coniugale e la buona intesa in famiglia.

Quest'ultima considerazione ci permetterà forse di rispondere a un'obiezione mossa dai giovani d'oggi che si concedono *esperienze prematrimoniali*.

Essi infatti dicono talvolta: « Siete voi, *è la Chiesa che, con la sua morale repressiva, ha creato le difficoltà coniugali*. Concedendoci delle libertà sessuali tra noi giovani, noi facciamo l'esperienza delle possibilità che abbiamo di amarci, superiamo le inibizioni educative e ci liberiamo delle nostre ossessioni malsane. Siamo così sicuri di poter riuscire a ottenere nel matrimonio la pienezza dell'amore coniugale ».

Ma la soddisfazione dei sensi, con i suoi innegabili effetti sull'intera sfera affettiva e con l'ebrezza che procura, giustifica forse il ricorso alla pillola e altri mezzi anticoncezionali o abortivi? Non conduce forse, come avviene per la droga, alla ricerca sempre più intensa e assidua, con tutti quelli e quelle che si prestano, d'una libertà ingannevole? Poiché, se la passione si sente libera, quanto tempo questo può durare? Non si diventa sempre più schiavi della carne e sprezzanti del rispetto dovuto al compagno legittimo o al compagno in generale? Basta vedere dove i libri e i film erotici portano le vittime dell'attrazione erotica.

Il cristiano in ogni caso dovrebbe ascoltare quanto diceva Cristo alla Samaritana, che aveva avuto cinque mariti senza riuscire con ciò a soddisfare la sua sete. « Chi berrà di quest'acqua avrà ancora sete; ma chi berrà dell'acqua che gli darò io non avrà mai più sete » [7]. Egli faceva così allusione, attraverso il simbolo dell'acqua terrena, all'acqua del suo amore, che sgorga continuamente nel cuore per la vita eterna. *Dovrebbe anche ascoltare le parole di san Paolo* quando dice: « Non siete stati liberati da Cristo per diventare schiavi della carne, ma per legarvi al servizio gli uni degli altri » [8], del coniuge, dei figli, dei fratelli. E come ci arriverete se siete prigionieri dei vostri egoismi e dei vostri desideri carnali? « Lasciatevi guidare

---

[7] Jo. 4, 13.
[8] Gal. 5, 13.

Psicologia dinamica e validità dell'impegno 119

dallo Spirito e non correrete il rischio di soddisfare la cupidigia carnale » (vedere tutto questo passo della Lettera ai Galati, 5. 13-25).

La Chiesa in ogni caso non potrebbe prestarsi a benedire un matrimonio in cui l'unione coniugale dei cristiani fosse considerata come il campo libero per tutte le esperienze di piacere sessuale, rischiando di distruggere la parte migliore dell'uomo: il suo cuore generoso e la sua mente in cui alberga Dio.

« La carne — dice ancora S. Paolo — ha desideri contrari allo Spirito ... Del resto le opere della carne sono ben note: fornicazione, impurità, libertinaggio, ... inimicizie, discordia ... dissensi ... invidie, orge, ubriachezze e cose del genere. Circa queste cose vi preavviso, come già ho detto, che chi le compie non erediterà il regno di Dio. Il frutto dello Spirito invece è amore, gioia, pace, pazienza, benevolenza, bontà, fedeltà, mitezza, dominio di sé; contro queste cose non c'è legge. Ora quelli che sono di Cristo Gesù hanno crocifisso la loro carne con le passioni e i suoi desideri ». (ib.).

Charles Lefebvre
Uditore di Sacra Romana Rota

LA CESSAZIONE DELL'AMORE DURANTE IL MATRIMONIO COSTITUISCE UNA PROVA DELLA NULLITA' DI UN MATRIMONIO SECONDO LA GIURISPRUDENZA ROTALE?

La giurisprudenza rotale ha sempre tenuto conto dell'importanza dell'amore nella celebrazione del matrimonio. E si comprende perché: più vicina alla realtà dei fatti di quanto lo sia il legislatore, essa si è trovata in grado di riconoscere il ruolo predominante che l'amore può svolgere all'atto della formazione del matrimonio. Mentre il diritto delle decretali — come del resto il diritto del *Codice* — non fa parola dell'amore [1], la giurisprudenza è stata portata a sottolineare la necessità di evitare che qualcuno sia forzato ad « amare ciò che respinge » [2], sostituendo all'espressione della decretale [3] « sibi placere » il termine « amare ». Una sottigliezza — si dirà — ma una sottigliezza pregna di significato, poiché questo termine introdotto dalla stessa giurisprudenza [4] mette in rilievo un sentimento [5] che il legislatore sembra voler ignorare.

Ciò conduce a porsi due quesiti:

— perché un simile posto assegnato all'amore nella giurisprudenza e come mai è esaltato al punto da portare talvolta alla nullità di un matrimonio?

— perché un simile ruolo riconosciuto all'amore non arriva fino a comportare, in modo assoluto, la nullità di un matrimonio quando viene a mancare tale amore?

---

[1] Basta rivedere i diversi capitoli del libro IV delle collezioni delle decretali. Se si fa talvolta parola della « maritalis affectio », richiamando il diritto romano, non si tratta certo del sentimento al quale si riferiscono i sostenitori della posizione esaminata.

[2] « Ne quis eorum per timorem dicat amare quod odit », è dichiarato in una sentenza c. Bevilacqua dell'11 dic. 1669 (*Rec.*, p. XVI, dec. 38, n. 1); questa formula viene ripresa più volte in seguito nell'Index delle *recentiores*.

[3] Il testo della decretale (X, 4, 1, 14) porta: « ... ne quis per timorem dicat sibi placere quod odit ». Ma le sentenze fanno rilevare che non è raro il caso di coloro che leggono ... *quem odit* ... »; così c. Mannucci del 23 genn. 1934, n. 2.

[4] Si troverà in un articolo di Seb. Villeggiante (*L'interpretazione della 'Gaudium et spes' nella giurisprudenza rotale*, in *Annali di dottrina e giurisprudenza canonica*, t. 1, *L'amore coniugale*, Città del Vat., 1971, pp. 264 ss.) l'indicazione di un certo numero di sentenze in cui viene preso in considerazione l'amore in questione.

[5] L'amore di cui si tratta è soltanto l'amore affettivo o amore di amicizia, così come lo intendono coloro che contraggono matrimonio « finché dura l'amore »; per questi è difficile parlare di amore coniugale nel senso voluto dal

* * *

Innanzitutto, vediamo quale è la ragione di un simile ruolo riconosciuto all'amore, nella celebrazione del matrimonio.

La giurisprudenza è portata a prendere espressamente in considerazione l'amore dei coniugi — o la sua mancanza — almeno in un certo numero di casi, al fine di riconoscere la nullità di un matrimonio.

Molte sentenze rotali sottolineano infatti che certi casi di nullità di matrimonio non possono fare astrazione dall'amore esistente — o mancante — tra i coniugi.

Anche se si vuol trascurare il caso in cui l'amore è considerato come causa canonica [6] di una dispensa matrimoniale — come nel caso di un impedimento per disparità di culto — e questo perché l'amore manifesta l'intenzione di contrarre matrimonio, è stato spesso messo in rilievo, nel caso di un matrimonio *sub conditione* [7], che il fatto di porre una condizione alla celebrazione di un matrimonio può sussistere soltanto se manca l'amore da parte di chi pone la condizione, si tratti di una condizione contraria alla sostanza del matrimonio o di un'altra qualsiasi condizione. Il solo fatto di porre una condizione, cioè di subordinare il consenso a una circostanza, sta solo a rivelare con piena evidenza che manca l'amore, o almeno che esso è molto limitato e che di conseguenza non presenta affatto quella « aspirazione all'unione perfetta » [8], che è una delle sue principali caratteristiche.

Non è quindi vero che non si possano presentare di tanto in tanto, delle eccezioni [9], ma queste sono giustificate, poiché qualcuno può essere portato dalle sue cattive abitudini a porre una condizione contraria a uno dei beni del matrimonio, pur protestando il proprio amore.

La stessa cosa avviene per molti matrimoni contratti con simulazione totale o parziale, o meglio con l'esclusione di una delle proprietà del matrimonio. La giurisprudenza ha spesso sottolineato

---

Concilio. (cf. U. NAVARRETE, *Structura iuridica matrimonii secundum concilium Vaticanum II*, in *Periodica*, t. 57, 1968, pp. 182 ss.).

[6] Almeno secondo lo stile della Curia, la sua mancanza potrebbe comportare in certi casi la nullità della dispensa.

[7] Ammesso, almeno fino ad ora, dal diritto canonico, nonostante le difficoltà spesso avanzate.

[8] Così c. Mannucci del 30 dic. 1927, n. 8; c. Guglielmi, 28 giugno 1930, n. 7.

[9] Così in una causa c. Morano del 9 agosto 1934, n. 11.

il carattere condizionale [10] che riveste tale simulazione o esclusione, al punto che questa determinazione rientra nel quadro del matrimonio *sub conditione* di cui abbiamo parlato.

Si obietterà senza dubbio che talvolta la giurisprudenza rifugge dal prendere in considerazione questo amore — o la sua mancanza — ma solo perché nel caso in questione la mancanza di amore non costituisce un motivo sufficiente di tale esclusione, come dell'esclusione dei figli [11]: questi non possono forse assicurare a uno sposo certi vantaggi in compenso del diritto che egli esclude?

D'altronde, l'amore è talvolta considerato come un argomento inconfutabile contro la pretesa simulazione di un matrimonio [12].

Tuttavia, in linea di massima, il semplice fatto di porre una condizione o una esclusione celebrando il matrimonio, è ritenuto incompatibile con delle manifestazioni d'amore, e la mancanza d'amore si associa perfettamente con l'esistenza delle riserve poste al consenso [13].

Nei casi di timore, la giurisprudenza è stata portata — almeno apparentemente — a tener ancor più conto dell'amore dei futuri sposi. Infatti, tra le prove del timore la giurisprudenza mette in risalto la prova almeno indiretta [14] — che non è da trascurare [15] — costituita dall'avversione. Questa avversione non trova forse una delle sue espressioni nella mancanza d'amore? Cosicché, non è impossibile trovare delle sentenze che pongono l'accento su questa mancanza d'amore per far risaltare che, almeno in questo caso, la giurisprudenza giunge di conseguenza ad esigere, almeno implicitamente, la presenza di un certo amore [16] all'atto del matrimonio:

---

[10] E' noto il lavoro del card. Staffa (*De conditione contra matrimonii substantiam*, Romae, 1955²), classico sull'argomento.

[11] Così in una sentenza c. Mannucci del 12 giugno 1933.

[12] Ciò mostra chiaramente che la caratteristica dell'amore è accidentale, poiché se ne tiene conto solo se essa è unita a un elemento essenzialmente contrario al matrimonio, come mostra la sentenza c. Mannucci del 5 febbraio 1934.

[13] Così nell'articolo già citato di Seb. Villeggiante, pp. 266 ss.

[14] E' nota la giurisprudenza al riguardo; così in una causa c. Morano dell'8 agosto 1929, n. 2.

[15] Cf. Chr. Coscius. *De separatione thori coniugum*, lib. 1, cap. 8, n. 59; così in una causa c. Quattrocolo del 7 agosto 1929, n. 6, dove si assicura che basta questo argomento indiretto.

[16] Vedere su questo punto O. ROBLEDA, *Reflexión sobre el amor en el matrimonio*, in *Sal terrae*, t. 61 (*Estudios canonico-morales, Homenaje al P. Eduardo Fz. Rogatillo*), 1973, pp. 589-598.

non considera affatto che la mancanza d'amore costituisca una certa presunzione di mancanza di libertà [17], così pure un minimo di amore può sembrare normalmente richiesto al momento della celebrazione del matrimonio.

Tuttavia — fa rilevare una sentenza coram Heard [18] — è necessario intendere bene questo rapporto tra avversione e mancanza d'amore: non c'è identità tra avversione e semplice (« mera ») mancanza d'amore, per la buona ragione che l'amore non è richiesto essenzialmente per la formazione del matrimonio; e la sentenza cita i casi di matrimonio di principi, di poveri, di vedovi, nei quali molto spesso l'amore manca — o può mancare — per quanto non possa essere messa in dubbio la validità di tali matrimoni, per lo meno sotto questo aspetto.

Così, è chiaro — ed è noto il numero di matrimoni dichiarati nulli per simulazione o per timore [19] — la giurisprudenza prende in considerazione il sentimento trovato da uno dei coniugi nei confronti dell'altro in vista della dichiarazione di nullità: se vi è simulazione, se vi è timore, è perché manca più o meno completamente l'amore, al punto che si potrebbe concludere, riguardo a questi casi, che l'amore — o la sua mancanza — occupa un posto di rilievo nelle dichiarazioni di nullità di matrimonio, e che la mancanza d'amore costituisce, anche solo indirettamente, in molti casi, una prova della nullità di un matrimonio concluso in tali circostanze.

Tuttavia, è necessario avanzare subito alcune riserve.

Innanzitutto, per lo meno in certi casi — come si è visto — la giurisprudenza ritiene che l'amore o la sua mancanza non intervengono in certi casi di esclusione dei beni del matrimonio, perchè quell'amore risulta da certe prove di cui è impossibile mettere in dubbio la fondatezza.

Inoltre, le sentenze sottolineano che non è già l'amore ad essere *direttamente* [20] preso in considerazione per provare la nullità

---

[17] Così in una sentenza c. Prior del 16 agosto 1917, n. 2.

[18] Del 13 luglio 1940, n. 2; vedere anche nello stesso senso un'altra sentenza c. Heard del 22 luglio 1944, n. 3, 10.

[19] Senza che sia necessario ricordare i dati statistici raccolti sia dalla S. Congregazione dei Sacramenti sia dal Tribunale della Signatura Apostolica, è abbastanza eloquente il rilievo fatto in capo a ciascun volume delle sentenze della Rota.

[20] Vedere in particolare le sentenze c. Heard, ora citate.

di un matrimonio, bensì il fatto della condizione posta o dalla esclusione espressamente voluta, che limitano il consenso e, di conseguenza, distruggono la natura stessa dell'impegno contratto [21]: non è già la mancanza d'amore che sopprime il consenso, ma il fatto che un coniuge svuoti del suo contenuto l'impegno matrimoniale in caso di simulazione parziale: queste sono le cause della nullità.

E ciò è tanto vero che la causa di nullità — condizione, esclusione di proprietà essenziale o timore — deve sempre presentarsi al *momento stesso* [22] della celebrazione del matrimonio; è in quell'istante, che può essere presa in considerazione la causa di nullità.

Cosicché l'amore, se interviene, interviene solo accidentalmente e solo per spiegare, o precisare, la condizione, l'esclusione o il timore.

Si obietterà forse che non mancano alcune sentenze le quali sottolineano la mancanza d'amore *dopo* [23] la celebrazione del matrimonio, per mettere in rilievo la condizione, l'esclusione o il timore in questione o per negarne l'esistenza.

Così, già nell'antica Rota una sentenza coram Albergati [24] rileva che coniugi i quali manifestano un innegabile affetto coniugale escludono per ciò stesso qualunque sospetto che esistesse un timore anteriore al loro matrimonio, e non sono rari casi identici presentati nella nuova Rota [25], anche nel caso dell'esclusione di una proprietà essenziale, la cui sicurezza è provata almeno parzialmente da una mancanza d'amore posteriore al matrimonio. Non se ne potrebbe dedurre *a pari* che la mancanza d'amore durante un matrimonio comporta una presunzione di irregolarità nella celebrazione del matrimonio stesso?

---

[21] Cf. card. D. Staffa, *o. c.*, p. 43 s.

[22] In base al principio assoluto dell'indissolubilità del matrimonio, nessun motivo di nullità può essere ammesso posteriormente alla celebrazione del matrimonio *ratum et consummatum*, malgrado le difficoltà sollevate dal matrimonio *sub conditione*.

[23] Così è in particolar modo per il timore, in cui l'avversione è presa in considerazione anche dopo la celebrazione del matrimonio, ma solo per meglio manifestare la sua esistenza; lo stesso avviene per i casi di simulazione, in cui la sicurezza dell'esclusione risulta ancora meglio dopo la celebrazione del matrimonio.

[24] Del 15 gennaio 1653 (*Rec.*, p. XI, dec. 301, n. 41), dove è scritto: «... maritalem affectum praeseferentes omnem praecedentis metus suspicionem excludunt».

[25] Così in una sentenza c. Janasik del 24 marzo 1937.

Può darsi; ma si deve sempre ritornare ai punti stabiliti più sopra: vale a dire che non sono l'amore stesso o la sua mancanza ad essere presi *direttamente* in considerazione, poiché l'amore interviene solo come elemento di prova di una causa di nullità, che è una cosa ben diversa; e, inoltre, questo motivo di nullità deve presentarsi al momento stesso della celebrazione del matrimonio e non in seguito. E' quanto appunto si deduce dalle sentenze che sottolineano come sia il consenso stesso a costituire il matrimonio e non già l'amore [26].

* * *

Si è così portati a chiedersi su che cosa si basi questa caratteristica accidentale dell'amore e il fatto di prenderla in considerazione solo al momento della celebrazione del matrimonio; il che porterà a mettere ancor più in evidenza che non se ne sarebbe tenuto conto per stabilire la nullità di un matrimonio durante il matrimonio, e all'atto del matrimonio solo nelle circostanze indicate più sopra.

La determinazione di questo punto è data chiaramenta dalla giurisprudenza più recente.

Sappiamo infatti che, in seguito alle precisazioni fatte da Pio XI [27] e da Pio XII [28], e soprattutto dal Concilio Vaticano II [29], ha preso forma un movimento a favore nell'esame delle cause riguardanti la dichiarazione di nullità del matrimonio.

Un certo numero di sentenze sono dell'avviso che non se ne era tenuto sufficientemente conto nel passato e che sarebbe stato opportuno sottolineare per l'avvenire la posizione da riconoscergli nella nozione stessa del consenso matrimoniale: consenso che non consiste in una donazione-accettazione reciproca, che presuppongono — si dice — come fondamento una donazione e quindi un amore che la ispiri [30].

Cosicché non risulta difficile ricavare il principio secondo cui « ora, dopo il Concilio, sembra che per mancanza di vero amore coniugale non esiste l'oggetto del contratto nella fattispecie, poiché

---

[26] Così tra le altre nella sentenza c. Heard del 22 luglio 1944, n. 3.
[27] Nell'enc. *Casti connubii* (A. A. S., t. 22, 1930, p. 561).
[28] In parecchie circostanze (*ibid.*, t. 33, 1941, p. 423; t. 43, 1951, p. 849; t. 45, 1953, p. 677; t. 48, 1956, p. 470 ss.).
[29] Const. *Gaudium et spes*, n. 49.
[30] Cf. una sentenza c. Bonet del 26 aprile 1967.

manca quella donazione reciproca mediante la quale si costituisce il contratto nell'atto della celebrazione del matrimonio »[31].

Tuttavia, altre sentenze ritengono che la giurisprudenza rotale non ammette questo principio e, in particolare, che non dovrebbe porsi il problema di confondere « avversione » e « mancanza d'amore ». Una sentenza coram Parisella [32] sottolinea che l'amore costituisce un elemento *morale* ma non giuridico o contrattuale, del matrimonio, poiché quest'ultimo è formato soltanto dal libero consenso delle parti, come del resto è detto espressamente nella costituzione *Gaudium et spes*: « ... foedere coniugii seu irrevocabili consensu personali instauratur » (n. 48).

Un'altra sentenza coram Palazzini [33] riesamina a fondo il problema. Essa precisa che la mancanza di amore non può essere ritenuta incompatibile con un vero consenso matrimoniale: infatti, quest'ultimo può essere ammesso per altri motivi oltre l'amore, come è tradizionalmente riconosciuto. Riguardo all'avversione, si ricorda che essa è qualcosa « di più che la mancanza d'amore », come aveva sottolineato la sentenza coram Heard [34], poiché vi è unita una certa ripugnanza, che non si trova nella mancanza d'amore.

Questa sentenza riprende le principali conclusioni di un articolo del R. P. Navarrete [35]:

- l'amore non è un presupposto psicologico perché il consenso sia veramente matrimoniale, e non costituisce un elemento dell'oggetto essenziale del consenso;

- esso non ha alcuna importanza giuridica in rapporto alla validità del matrimonio e la sua presenza od esclusione non ha influenza o conseguenza giuridica per l'istituto matrimoniale;

- esso non costituisce uno dei fini del matrimonio, ma è piuttosto un elemento psicologico-affettivo per il conseguimento dei fini del matrimonio: infatti, senza quell'elemento psicologico-affettivo

---

[31] *Principia iuris e diversis decisionibus c. R. P. D. Fagiolo*, 1971, n. 53 s.
[32] Dell'11 marzo 1971, n. 6: « ...ut elementum morale, haud tamen requiritur (amor) tanquam elementum iuridicum et contractuale, quòd in uno eoque libero consensu positum est ».
[33] Del 2 giugno 1971, n. 9: « ... defectus amoris est signum aliquod simulationis, sed de se et absolute incompatibilis dici nequit cum vero consensu matrimoniali, qui, etiam ex aliis considerationibus praeter amorem moveri potest ».
[34] *Ibid.*, n. 11: « ... aversio est quid amplius quam defectus amoris ».
[35] *Structura iuridica matrimonii secundum concilium Vaticanum II, IV, Amor coniugalis, Epilogus*, in *Periodica*, t. 57, 1968, p. 216.

il ' *consortium totius vitae* ' richiesto connaturalmente dal matrimonio per il conseguimento dei suoi fini specifici (la procreazione e l'educazione della prole) è impossibile nella maggior parte dei casi; cosicché riassumendo, l'amore appartiene non al ' *bonum fidei* ' essenziale, ma soltanto al ' *bonum fidei* ' integrale del matrimonio.

La sentenza conclude mettendo in risalto che la mancanza d'amore al momento della celebrazione del matrimonio non è un elemento tale da poter comportare la nullità del matrimonio [36].

Tuttavia queste precisazioni non risolvono la difficoltà. Non si deve cercare di precisare ancora di più la natura esatta dell'elemento eliminato dall'avversione, e che di conseguenza la giurisprudenza ammette almeno implicitamente come necessario per contrarre il matrimonio, col rischio di viziare lo stesso consenso?

E' ciò a cui vuol giungere una sentenza coram Serrano del 5 aprile 1973. Essa mette in evidenza certe osservazioni sugli elementi essenziali nei diritti dei coniugi, opposti agli elementi essenziali nei diritti esistenti negli altri contratti. Essa stabilisce così che i diritti essenziali dei coniugi risultano della stessa natura del rapporto coniugale: l'oggetto del diritto è completamente diverso da quello ammesso negli altri contratti, perché è costituito, sia in ciò che riguarda i suoi soggetti, sia in ciò che riguarda la tradizione e l'accettazione reciproca in un quadro *strettamente personale*. Di conseguenza sono le persone, ed esse sole, a contare nel consenso matrimoniale, ed è così che si forma l'amore coniugale [37].

Questo punto è ancor più approfondito in un decreto coram Anné del 1 agosto 1974, al fine di determinare, con maggior precisione, la parte che deve avere l'amore, o meglio l'elemento personale, nella celebrazione del matrimonio.

Riprendendo le conclusioni della sentenza coram Serrano ora citata, il ponente torna sulla natura tutta speciale degli elementi richiesti dai diritti coniugali, soprattutto dall'eterosessualità, che fa

---

[36] Sentenza c. Palazzini, n. 12: « ... amor coniugalis ... si habere potest momentum iuridicum influens in validitatem matrimonii, hoc oriri valet tantum in ipso momento celebrationis futuri coniugii. Quae enim post celebratum matrimonium eveniant, nisi agatur de matrimonio conditionato, nihil in eius validitatem influere possunt ».

[37] N. 3: « ... in iure stricte coniugali, quod cum totum, tum ex parte subiectorum tum quoque ex propria ipsorum traditione atque acceptatione mutua (quae esset ' obiectum ' iuris), intra ambitum personalem absolvantur, a personis, propria sua quaque ' humanitate ' ditatis, praescindi nequit ».

distinguere il matrimonio da qualsiasi altro contratto [38]. Di conseguenza viene messa in risalto la distinzione che si impone tra la capacità a stabilire la relazione interpersonale costituita dal matrimonio [39] e l'amore coniugale che ne è il frutto. Sicchè, vi è differenza tra l'uno e l'altro, come tra la causa e il suo effetto.

Poco dopo, in una causa diversa, lo stesso uditore precisa che questo atteggiamento richiesto per il matrimonio non è il solo da considerare: il matrimonio non interessa soltanto le parti, poiché esso è prima di tutto una istituzione sociale, civile ed ecclesiastica insieme [40]. Di conseguenza si richiedono per la sua validità non solo elementi *personali,* elementi del tutto inseparabili gli uni dagli altri, ma intervengono elementi richiesti dal bene comune, soprattutto la stabilità del legame coniugale. Per questo motivo viene sottolineato che occorre accettare soltanto con prudenza — e al riguardo viene fatta un'osservazione importanze — tutto ciò che avviene nella stessa vita coniugale al fine di giungere a provare l'incapacità di addossarsi gli oneri essenziali del matrimonio [41].

---

[38] N. 7: «... luce clarius est iura coniugalia essentialia propriam omnino habere naturam eamque singularem — et quidem ratione partium heterosexualitatis (sensu pleniore sumptae) — quae in coniugum propriam exsistentiam intimissime ingreditur ... ».

[39] N. 6: « Id quod communiter significatur verbis ' amor coniugalis ' plane distinguatur oportet ab ista nupturientium habitudine animi quae vocari potest habilitas seu aptitudo ad eam relationem interpersonalem fovendam, saltem in essentialibus, quae matrimonii in facto esse singulariter propria est ... cuius fructus, nisi quaedam circumstantiae gravissimae id impediant, est amor coniugalis ».

[40] N. 1: «... matrimonium non est ne quidem 'in primo loco tantum negotium quod interest solis nupturientibus et coniugibus (' la coppia '), sed insuper, et quidem in primo loco ' institutum sociale ' ...

[41] *Ibid.*: «... caute itaque ea quae eveniunt in ipsa vita coniugali invocentur ad probandam incapacitatem accipiendi onera coniugalia ». Il motivo fondamentale di questa risposta negativa sta nel fatto che al meno a partire da Costantino — anzi non tutti ammettono la supposta mutazione di diritto in relazione al tempo classico (cf. O. ROBLEDA, *El matrimonio en derecho romano,* Roma (P.U.G.), 1970, pp. 130 ss.) — « le mariage se forme par le consentement des parties, et qu'une fois qu'il existe, il ne peut plus être dissous par la simple cessation de volonté des conjoints ... Il ne suffit pas de démontrer la cessation de *l'affectio maritalis,* mais il faut manifester la volonté de dissoudre le mariage existant ... le mariage en tant que rapport juridique, est désormais indépendant de la continuation de la volonté des conjoints » (E. VOLTERRA, *La conception du mariage d'après les juristes romains*, Padova, 1940, p. 58 ss.).

Che se questa capacità — per una ragione o per l'altra — venisse a mancare, allora soltanto — e sotto un diverso punto di vista — si può porre il problema della mancanza di un elemento essenziale alla celebrazione del matrimonio. Se infatti non vi è questa capacità a instaurare un rapporto interpersonale caratteristico del matrimonio, sarà difficile mettere in dubbio un vizio profondo della persona. In tal caso si tratta di un elemento anormale, che comporta una incapacità da parte del soggetto, senza che si tratti più di amore. Come nel caso dell'avversione, se tale incapacità esiste radicalmente ci si trova davanti ad un caso patologico, le cui ripercussioni, se non sul consenso matrimoniale, almeno sulla personalità stessa del soggetto, possono portare conseguenze di estrema gravità.

* * *

Cosicché, la risposta da dare al quesito se secondo la giurisprudenza rotale, la cessazione dell'amore durante il matrimonio costituisca una prova della nullità del matrimonio stesso, è negativa.

Il matrimonio è infatti costituito, innanzitutto da un consenso irrevocabile, poiché è, senza dubbio, una istituzione contrattuale é personale, ma anche e *soprattutto* una istituzione *sociale* ordinata alla procreazione della prole, e quindi alla formazione di una famiglia. La cessazione dell'amore durante il matrimonio potrebbe portare alla nullità del matrimonio stesso solo se questa avesse una causa già esistente all'atto del consenso matrimoniale, e se suffragata dalla mancanza d'amore, causa che dovrebbe essere un elemento formalmente opposto all'essenza stessa del matrimonio. Se pertanto questa mancanza d'amore si presenta come un vizio della stessa personalità, sarebbe viziato, e irrimediabilmente, il consenso stesso; ma questa è una ipotesi del tutto diversa da quella considerata da coloro che ritengono possibile una nullità di matrimonio per mancanza dell'amore nel corso della stessa unione.

Ignacio Gordon, s. j.
Professore di diritto processuale canonico

DICHIARAZIONE DI NULLITA' E DISPENSA DEL MATRIMONIO

1. Nei capitoli precedenti si è stabilita l'esistenza di alcuni requisiti essenziali per la valida celebrazione del matrimonio, sia a livello di diritto naturale che a livello canonico. Di conseguenza, il matrimonio celebrato non ostante l'assenza di uno dei suddetti requisiti è nullo, e potrebbe essere *dichiarato* tale dall'autorità competente, nel nostro caso dalla competente autorità ecclesiastica.

Nella Chiesa, esiste inoltre la possibilità della *dispensa* o scioglimento del vincolo matrimoniale qualora il matrimonio non sia stato consumato per l'unione fisica dei coniugi.

2. Di questi due provvedimenti che hanno natura e caratteristiche assai diverse, ci occuperemo in seguito. Prima però occorre rilevare che ambedue si differenziano profondamente dal cosidetto *divorzio vincolare* o semplicemente *divorzio* [1].

Il *divorzio vincolare* è un istituto esistente in non pochi ordinamenti civili, secondo il quale l'autorità dello Stato, in certe circostanze previste dalla legge, scioglie il vincolo di un matrimonio validamente contratto, ancorché sia stato consumato, non soltanto in senso canonico (unione fisica dei due coniugi), ma anche col seguito della prole.

Il divorzio quindi è contrario all'indissolubilità del matrimonio richiesta dal diritto naturale, che non ammette lo scioglimento del vincolo né da parte della volontà dei coniugi, né da parte di una volontà estrinseca alla loro, come sarebbe la volontà dello Stato, né per ragione di sopraggiunte circostanze, come ad esempio, l'affievolimento dell'amore coniugale, ecc.

3. Se ora consideriamo il divozio in rapporto ai due provvedimenti sopra accennati, è manifesta la differenza fra divorzio e *dichiarazione di nullità*, poiché questa non tocca il vincolo matrimoniale, ma si limita a rilevare, dopo accurato esame, che esso non è mai esistito. La *dispensa*, invece, ha una grande affinità col divorzio, poiché in essa c'è un vero scioglimento del vincolo ma — e quest'è la grande differenza — in base a una facoltà concessa alla Chiesa dallo

---

[1] Il termine *divorzio* oggi non si adopera più come sinonimo di mera separazione legale dei coniugi, quale ammessa nel Codice di D.C. e in molti Codici civili.

stesso Autore della legge naturale, e soltanto per il caso in cui il matrimonio non sia stato consumato, come si dirà in seguito (parte II).

I. Dichiarazione di nullità'

§ 1. I capi di nullità

Il matrimonio è un'istituzione che interessa anzitutto i coniugi, ma contemporaneamente anche l'umana società, cioè, lo Stato e la Chiesa.

A livello personale, il matrimonio è un'alleanza o patto indissolubile ispirato dall'amore. Con esso un uomo e una donna si uniscono per progredire nel loro mutuo amore e procreare figli. A livello sociale si è detto giustamente che il matrimonio è la prima cellula di ogni comunità umana, civile o religiosa, e la sua stabilità è condizione essenziale per la continuità e per il benessere della medesima.

Di conseguenza le circostanze necessarie che debbono concorrere nei futuri coniugi e nella celebrazione delle loro nozze, affinché costituiscano un vero e valido matrimonio, scaturiscono dal diritto naturale o umano, e, trattandosi di battezzati, anche dal diritto della Chiesa; e la mancanza di questi requisiti è compresa sotto il nome generico di « capi di nullità ».

1. *A livello di diritto naturale*

Sono esigenze ovvie di diritto naturale che i contraenti si scambino un vero consenso matrimoniale, il che suppone che siano capaci di intendere e di volere, e che di fatto costituiscano la loro alleanza con conoscenza e libertà. Debbono inoltre essere potenti sessualmente, cioè capaci di un rapporto fisico necessario per la normale procreazione; non possono quindi essere consanguinei troppo prossimi, per rispetto al vincolo del sangue, e per evitare che la prole sia fisicamente e psichicamente tarata.

2. *A livello di diritto della Chiesa*

Il diritto canonico o della Chiesa ha prescritto diverse circostanze per la valida celebrazione del matrimonio, che possono essere raggruppate in tre categorie.

a) Ad una *prima categoria* appartengono quelle prescrizioni positive o negative che assumono semplicemente il diritto naturale, o lo determinano ulteriormente, oppure cercano di tutelarlo, come sono:

I vizi del consenso, cioè, la demenza di una delle parti (*Codice di D. C.,* can. 1982), l'ignoranza dell'indole del matrimonio (can. 1082), l'errore circa la persona dell'altro coniuge e, in certi casi, anche circa la qualità di essa (can. 1083), la forza o il timore grave che costringono la vittima a scegliere il matrimonio come unica via di uscita (can. 1087), la cosidetta « simulazione del consenso » che consiste nel prestare il consenso al matrimonio soltanto apparentemente, oppure con la segreta esclusione di una proprietà essenziale al matrimonio, come sarebbe, v. g., l'indissolubilità del medesimo (can. 1086); finalmente certi condizionamenti (fatti esplicitamente o con riserva mentale) che legano o restringono il consenso matrimoniale, ad es., se l'uomo sposa a condizione che la donna abbia figli, o la donna a condizione che il marito le sia fedele (can. 1092).

Certi « *impedimenti dirimenti* »: età troppo giovane (meno di 16 anni nell'uomo o di 14 nella donna (can. 1067), impotenza a compiere l'unione coniugale (can. 1068), esistenza del vincolo di un precedente matrimonio (can. 1069)[2], rapimento della donna da parte dell'uomo col preciso scopo di sposarla (can. 1074), consanguineità in qualsiasi grado della linea retta, e fino al terzo della linea collaterale (can. 1076).

b) La *seconda categoria* di prescrizioni riguarda la tutela della fede, di alcuni stati superiori di vita cristiana, dei principi basilari della morale naturale. Perciò sono anche « impedimenti dirimenti » il fatto che il futuro *partner* di un cattolico non sia stato battezzato, per evitare il pericolo di abbandonare o intiepidirsi nella propria fede, in cui facilmente si troverà la parte cattolica (can. 1070); l'ordine sacro (can. 1072) o la professione religiosa da parte di uno dei coniugi (a norma del can. 1073); certi delitti perpetrati allo scopo di contrarre un nuovo matrimonio, come l'omicidio del proprio coniuge o del coniuge altrui (can. 1075); finalmente il legame di « affinità », che dirime le seconde o ulteriori nozze fra un coniuge e le persone che siano state consanguinee dell'altro coniuge (ormai

---

[2] Un'eccezione da questa norma è il cosidetto *privilegio della fede* cioè lo scioglimento di un matrimonio contratto da due non battezzati per favorire la fede e la vita cristiana di uno di essi o di un terzo in un nuovo matrimonio.

deceduto) in qualsiasi grado della linea retta ed entro il secondo della linea collaterale (can. 1077) [3].

c) Una *terza ed ultima categoria* è costituita da altri « impedimenti dirimenti » diretti a tutelare la natura pubblica che ha ogni matrimonio anche nella Chiesa, e il dovuto riguardo all'istituto civile dell'adozione. Di conseguenza rendono invalido il matrimonio: la omissione o il vizio della « forma canonica » stabilita per la celebrazione del medesimo, che normalmente consiste nel prestare il mutuo consenso dinanzi al parroco competente e a due testimoni (can. 1094); se il matrimonio si celebra per procura, l'invalidità della stessa procura o mandato concesso da uno dei contraenti per essere rappresentato nella celebrazione delle proprie nozze (can. 1089); la cognazione legale inabilitante alla celebrazione delle nozze a norma della legge civile a cui sottostà ognuno dei due contraenti (can. 1080).

Ecco tutte le circostanze che, a tenore del diritto della Chiesa — comprendente anche il diritto naturale e l'eventuale inabilità civile promanante dall'adozione, — rendono invalido il matrimonio; perciò come abbiamo indicato, vengono indicate con l'espressione di « capi di nullità ». Sotto questa formula abbiamo ravvisato due specie: i vizi di consenso (cf. sopra, a) e i cosìdetti « impedimenti dirimenti » (ib. a-c); fra i quali sono dispensabili alcuni di puro diritto ecclesiastico.

§ 2. Chi chiede e chi fa la dichiarazione di nullità

Sebbene un matrimonio sia stato celebrato invalidamente, non è lecito ai coniugi contrarne un altro finché non consti legittimamente e con certezza della nullità del primo (can. 1069, § 2). La via per arrivare a questa certezza è normalmente il Tribunale ecclesiastico, come vedremo in seguito. Prima però occorre determinare chi ha diritto a chiedere la dichiarazione di nullità.

1. *Chi può chiedere la dichiarazione di nullità*

E' ovvio, e così lo riconosce il diritto canonico, che sono i coniugi, e solo i coniugi (ambedue o uno di essi, eventualmente anche contro la volontà dell'altro), coloro che hanno diritto a chie-

---

[3] Quando il matrimonio in questione è stato nullo, oppure si tratta di un pubblico concubinato, non insorge l'affinità, ma un impedimento analogo, chiamato « publica honestas », la cui forza dirimente impedisce le nozze fra uno dei coniugi putativi o dei concubini e i consanguinei dell'altro fino al secondo grado della linea retta (can. 1078).

dere a un tribunale ecclesiastico la dichiarazione della nullità del proprio matrimonio, poiché questa è materia di loro esclusivo interesse. Nondimeno ci sono due eccezioni in direzioni contrarie, in quanto, da una parte, questo diritto viene negato giustamente ai coniugi che provocarono colpevolmente la nullità delle proprie nozze (a meno che, sinceramente pentiti, riabbiano dall'autorità competente il diritto che avevano perso), e, dall'altra, è concesso al Promotore di giustizia [4], nei casi in cui due convivono nonostante la nullità del loro matrimonio, che è tale per ragione di un impedimento « natura sua » pubblico (can. 1971, § 1).

Ma, a quale tribunale ecclesiastico deve rivolgersi il coniuge che intende chiedere la dichiarazione di nullità, oppure dinanzi a quale giudice deve « accusare il proprio matrimonio »? La risposta è breve: dinanzi al tribunale « competente ». Cerchiamo di chiarire quale sia concretamente questo Tribunale nei singoli casi.

2. *I Tribunali competenti a dichiarare la nullità*

Il potere giudiziario nella Chiesa è prerogativa del Papa e dei Vescovi, che lo esercitano ognuno per la propria diocesi o circoscrizione territoriale, e il Papa inoltre, come Pastore supremo, per tutta la Chiesa. Nondimeno né il Papa né i Vescovi giudicano — di legge ordinaria — da se stessi, ma tramite i loro vicari giudiziali.

Ciò nonostante il Vicario giudiziale forma un unico tribunale col suo Vescovo (can. 1573, § 2), a nome del quale giudica, ma decidendo secondo la propria coscienza e sotto la propria responsabilità. Dire dunque tribunale ecclesiastico è richiamarsi implicitamente alla potestà giudiziale di un Vescovo.

Orbene, due sono i Vescovi o tribunali competenti, a norma di diritto, per dichiarare la nullità di un matrimonio: quello entro il cui territorio si sono celebrate le nozze, oppure l'altro nella cui diocesi dimorano abitualmente i coniugi. La ragione di questa disposizione è che normalmente in una di queste diocesi si trovano le persone che debbono essere interrogate nel processo; qualora però i principali testimoni dimorassero altrove, diventerebbe pure competente il tribunale di quella terza diocesi.

Per completezza occorre aggiungere una precisazione: i coniugi possono accusare il loro matrimonio o ambedue insieme o uno

---

[4] Il Promotore di Giustizia nel foro canonico rassomiglia al Pubblico Ministero nel foro civile. A lui appartiene promuovere alcune cause e intervenire in altre per ragione del bene pubblico.

soltanto, non ostante la resistenza dell'altro, come si è detto. In tutte e due i casi la *parte attrice* è libera di scegliere uno fra i due o tre tribunali competenti; nel secondo caso, però, sotto « tribunale della dimora abituale » va inteso quello della diocesi dove dimora *la parte resistente o convenuta*.

Ma anche se un tribunale ecclesiastico è competente per conoscere o definire la nullità o meno di un matrimonio, non può agire di propria iniziativa. Deve di necessità aspettare che sia richiesto formalmente il suo intervento, almeno da uno dei coniugi o dal Promotore di giustizia (1970-1971). Viceversa, richiesto il suo intervento e accertato sia il diritto di accusa della parte attrice, sia la propria competenza, il tribunale è tenuto ad ammettere la domanda e a fare il regolare processo (can. 1608).

§ 3. Processi giudiziali per accertare la nullità

Ci sono due tipi di processo per accertare la nullità di un matrimonio, l'*ordinario* o *normale*, chiamato anche *formale* perchè in esso sono osservate tutte le norme e formalità del processo canonico, e il *sommario* o documentale, in cui le forme processuali vengono ridotte al minimo necessario.

Il processo *sommario* è senz'altro indicato quando da un *documento* che ha certe garanzie risulta manifesta la nullità del matrimonio nei casi speciali previsti dal legislatore. Negli altri casi si osserva il processo finora *normale*.

1. *Processo sommario*

Affinchè una causa di nullità si possa condurre attraverso l'*iter* del processo *sommario* si richiedono tre presupposti: 1° che il « capo di nullità » sia un impedimento dirimente, oppure un difetto che intacchi la validità della forma canonica del matrimonio, o dell'eventuale mandato procuratorio. 2° Che la parte attrice esibisca un « documento certo e autentico, che non sia passibile di nessuna opposizione o eccezione », dal quale risulti manifesta la esistenza di tale impedimento o di tale difetto. 3° Se il capo di nullità è un impedimento dirimente, ma dispensabile, deve risultare inoltre « con pari certezza che non è stata concessa la dispensa da esso » (M. p. « *Causas matrimoniales* », n. X).

Qualora si sono verificati questi presupposti, il Vescovo ascolta successivamente i due coniugi alla presenza del notaio [5] e del difen-

---

[5] E' compito del Notaio redigere il verbale di ognuna delle sessioni di

Dichiarazione di nullità

sore del vincolo [6], e poi pronunzia la sentenza dichiaratoria della nullità.

Questa via o processo sommario viene adoperato comunemente quando il matrimonio fu nullo perchè esisteva il vincolo di un precedente matrimonio, o impedimento di ordine sacro, di professione religiosa, di mancanza di età, di consanguinità, d'affinità, o vizio di mandato procuratorio.

2. Il processo normale

Si adopera il processo *normale* quando il matrimonio è accusato per vizio di consenso e anche nei casi del processo documentale qualora non concorrano i tre presupposti richiesti dal diritto (cf. sopra, n. 1).

a. *Le tre garanzie*. E' comune a questi processi la difficoltà inerente alla prova della nullità. Per scoprirla è necessaria non soltanto una buona conoscenza del diritto canonico sia sostantivo che processuale, ma anche una certa pratica del foro ecclesiastico, e finezza intellettuale psicologica per trovare in mezzo alla matassa dei fatti, circostanze, e forse inganni, il filo che finalmente conduce alla verità.

Questa difficoltà, unita alla santità del vincolo matrimoniale e al valore della libertà umana — al quale si appella fortemente almeno uno dei coniugi —, spiegano perchè la Chiesa ha voluto assicurare il risultato oggettivo di questo processo con tre mezzi o garanzie straordinarie: 1° Il tribunale normalmente è costituito da un collegio di tre giudici, 2° la parte attrice deve essere assistita da un avvocato; parimente il matrimonio accusato — ed eventualmente la parte resistente — è a sua volta tutelato dal cosidetto « Difensore del vincolo », 3° finalmente, data la fallibilità del giudizio umano, in questi casi gravi e difficili non viene resa esecutiva la nullità del matrimonio se non dopo che sono state pronunziate due sentenze conformi a favore di essa in successive istanze. Per questo il Difensore del vincolo ha l'obbligo di appellare contro la prima sentenza a favore della nullità.

b. *La « doppia conforme »*. Ci si permetta di spendere una parola per chiarire il significato e il meccanismo di quest'ultima garanzia.

---

un processo. Senza la sua presenza all'audienza e senza la sua firma i verbali sono nulli.

[6] Il Difensore del Vincolo rileva le ragioni che stanno a favore della validità del legame matrimoniale. Qualora tali ragioni non esistessero, è dovere suo comunicare al giudice che non ha niente da proporre in difesa del vincolo matrimoniale.

Sopra abbiamo stabilito l'esistenza dei tribunali ecclesiastici, che sono tanti quanti i Vescovi che stanno a capo di una diocesi. Ora dobbiamo aggiungere che questi tribunali sono gerarchicamente strutturati in tre gradi o istanze. La ragione di questa moltiplicità di gradi è la suaccennata fallibilità del giudizio umano. I giudici, nonostante la loro preparazione e onestà, possono sbagliare. Perciò alla parte soccombente (facciamo l'ipotesi che la sentenza di prima istanza fu avversa alla nullità, e di conseguenza la parte attrice è la soccombente) viene riconosciuto il diritto di appello, cioè di chiedere che sia rifatto il processo nel tribunale superiore. Qualora il tribunale di secondo grado confermasse la sentenza del primo (avversa alla nullità), l'ottenuta conformità diventa una garanzia così forte di verità, che non si permette al soccombente per la seconda volta un nuovo appello.

Se ora torniamo in dietro e ipotizziamo che il tribunale di secondo grado ha dato sentenza contraria a quella di primo grado (cioè, a favore della nullità), adesso la parte soccombente è il Difensore del vincolo (ed eventualmente anche la parte convenuta), e, siccome anche esso ha diritto di appello, chiede che il processo sia rifatto di nuovo nel tribunale superiore di terzo grado. La Sentenza emanata da questo tribunale sarà necessariamente conforme o alla sentenza di primo grado o a quella di secondo; di conseguenza, ottenutasi questa garanzia di verità, il processo è finito e la sentenza confermata è resa esecutiva.

c. *Svolgimento del processo in prima istanza.* Il coniuge che sospetta l'invalidità del suo matrimonio e vuole chiedere la dichiarazione di nullità, deve prima confidare il suo caso a una persona preparata per sapere se esiste o meno un « capo di nullità » valido, e se ci sono prove da presentare al tribunale.

Se la risposta è affermativa, affida il patrocinio della sua causa a un Avvocato, il quale procederà subito a redigere il libello o scritto di domanda, che poi consegna al tribunale a nome del suo cliente.

Il tribunale, se accetta il libello, procede senz'indugi alla citazione dell'altro coniuge *allo scopo di stabilire* di mutuo accordo il capo (o i capi) di nullità per il quale si accusa il matrimonio e la cui esistenza sarà oggetto dell'indagine processuale.

La *prima fase* del processo è infatti *l'istruttoria,* in cui un giudice del Collegio, chiamato Istruttore, interroga separatamente i due coniugi e raccoglie le prove proposte dalla parte attrice (eventualmente anche dalla parte convenuta) a dimostrazione della sua pretesa; cioè, esamina le lettere ed altri documenti esibiti, interroga i parenti e conoscenti, presentati come testimoni dai coniugi, ecc.

Questi interrogatori si svolgono sotto segreto, con giuramento di dire la verità, presente soltanto il notaio che redigerà il verbale e anche il difensore del vincolo, quando lo ritiene opportuno.

Dichiarazione di nullità

Il clima è sereno, senza fretta, fiducioso. Paolo VI, prendendo lo spunto da questa fase istruttoria, ha definito l'ufficio del giudice ecclesiastico come «un colloquio buono e pastorale con gli altri fratelli».

Quando sono state raccolte le prove, inizia la *seconda fase*. In essa ha luogo la discussione fra l'Avvocato e il Difensore del Vincolo. Tutti e due presentano in scritto le loro conclusioni a favore della propria tesi, in base esclusivamente agli atti del processo. Poi si scambiano gli scritti e ognuno può rispondere, sempre in scritto, alle ragioni e difficoltà presentate dall'altro.

Nella *terza fase* entra in azione il Collegio giudicante. Ognuno dei tre giudici riceve una copia del sommario degli atti e delle scritture sia del Difensore del vincolo che dell'Avvocato; e dopo un congruo spazio di tempo, proporzionato alla difficoltà della causa e alla mole degli atti, si radunano nella sede del Tribunale, deliberano circa la causa in questione, e pronunziano la loro decisione a maggioranza di voti. Entro il termine di un mese un giudice del collegio redige la sentenza che viene poi comunicata alle parti.

Se la sentenza è contraria alla nullità, la parte attrice è libera di appellare o meno contro di essa al Tribunale di seconda istanza; se, invece, dichiara la nullità, il Difensore del vincolo (come abbiamo già detto) è tenuto «ex officio» ad appellare [7].

d. *Gli appelli*. L'appello contro la *sentenza di prima istanza* ha un diverso regime, cioè, una procedura o più breve o *normale* a seconda che la suddetta sentenza sia affermativa o negativa, cioè favorevole o contraria alla nullità. Questa diversità non si ispira certamente a un criterio divorzistico — come alcuni hanno pensato —, ma alla maggiore garanzia di oggettività che offre nel foro canonico una sentenza affermativa di fronte a una negativa.

A norma del Diritto canonico il giudice, per pronunziare una qualsiasi sentenza, deve aver raggiunto la certezza morale circa la «res» o affare che sarà oggetto della sentenza. Orbene, la certezza morale è raggiunta soltanto quando sono state escluse tutte le probabilità del contrario. Di conseguenza se un giudice ecclesiastico in una causa, per es., promossa da un ospedale contro un istituto religioso sulla proprietà di una chiesa, decide affermativamente: CONSTA *che la chiesa è dell'ospedale X*, questo significa che il giudice è persuaso della sua sentenza al cento per cento,

---

[7] Quando la nullità è stata dichiarata, ad es., a causa di simulazione del consenso, di demenza, di impotenza, ecc., suole aggiungersi alla decisione una clausola che proibisce in modo assoluto o sotto certe condizioni, a seconda del caso, la celebrazione di nuove nozze al coniuge che fu causa della nullità del precedente matrimonio.

cioè, che secondo lui non esiste nessuna probabilità a favore dei religiosi.

Se il giudice però decide negativamente, pronunziando che NON CONSTA *che la chiesa sia dell'ospedale X,* allora sappiamo soltanto che la tesi attribuente la proprietà all'Ospedale non è certa, che, cioè, ci sono probabilità a favore dei religiosi, senza però determinare quante probabilità ci siano da una parte e quante dall'altra; anzi in linea di massima possono essere quasi tutte a favore dell'Ospedale, ed una o due contro.

Di conseguenza, il fatto che un tribunale di tre giudici pronunzi « constare della nullità », e già nella prima istanza, costituisce un forte indizio a favore del valore oggettivo della decisione, che non ha invece la sentenza che pronuncia « non constare ».

In attenzione a questo indizio di oggettività a favore del « constare » o sentenza affermativa, Paolo VI ha ritenuto opportuno abbreviare notevolmente il processo di seconda istanza quando si è fatto l'appello contro una sentenza *affermativa di primo grado.* In questi casi basta che il collegio di secondo grado esamini la sentenza di primo e la confermi. Negli altri, cioè, quando la sentenza di prima istanza è negativa, o quando la sentenza è di secondo o ulteriore grado, il processo di appello segue la via normale. (M. P. « *Causas matrimoniales* », n. VIII).

§ 4. Problemi e questioni

1. *La durata.* A tenore del diritto ancora in vigore la prima istanza di un processo di nullità non deve durare oltre due anni, nella seconda oltre uno.

Di fatto però alcuni tribunali vanno oltre questi termini, in contrasto con lo svolgersi sempre più rapido della vita moderna e l'urgenza dei casi matrimoniali. Il ritardo veniva attribuito prevalentemente alla mancanza di personale e a una certa pesantezza di procedura. Paolo VI ha cercato decisamente di mettere rimedio a queste difficoltà incoraggiando la creazione di « tribunali regionali » (concentramenti di vari tribunali piccoli in uno più consistente) con notevole risparmio di personale, concedendo in certi casi la promozione di laici all'ufficio di giudice ecclesiastico, oppure che il tribunale di prima istanza possa essere costituito da un chierico come giudice unico. Inoltre il Papa ha pure agevolato notevolmente la procedura, specialmente quella di appello, come abbiamo accennato.

Grazie a queste misure cresce ogni giorno il numero di tribunali che espletano la prima istanza in uno spazio di tempo che va fra i sei mesi e l'anno, e la seconda in pochi mesi.

Dichiarazione di nullità

2. *Spese e tariffe.* Non è facile stabilire le spese a cui va incontro colui che chiede una dichiarazione di nullità, perchè intervengono diversi fattori assai variabili: da una parte le spese del tribunale, dall'altra gli onorari dell'avvocato, più il costo di eventuali perizie, se il capo di nullità è impotenza o malattia mentale.

a. Ci sono nazioni in cui l'Avvocato è uno dei sacerdoti del tribunale, come il Notaio o il Difensore del vincolo. Inoltre, alcune diocesi o regioni ecclesiastiche danno un aiuto economico al tribunale, a volte validissimo. In questi casi la somma che debbono versare i fedeli è assai ridotta.

b. Dove invece i tribunali ecclesiastici debbono sopperire a tutte le proprie spese, viene richiesta ai fedeli una somma maggiore, che in Italia è stata fissata dalla competente autorità ecclesiastica in 300.000 lire circa per la prima istanza, e 180.000 lire circa per la seconda.

In questa cifra non vanno compresi gli stipendi degli Avvocati, che in Italia sono di solito liberi professionisti, come pure nella Spagna e in qualche altra nazione. Alcuni abusi verificatisi in questi ultimi anni hanno costretto le relative autorità ecclesiastiche a stabilire e rendere note le tariffe degli Avvocati. Ad esempio in Italia spettano all'Avvocato 225.000 lire circa per la prima istanza, e 115.000 lire circa per la seconda, più i compensi per la consultazione iniziale, eventuali spostamenti, ecc.

Una simile tariffa è stata anche stabilita per i periti.

c. Presso tutti i tribunali ecclesiastici, i fedeli che si trovano in vera difficoltà economica possono ottenere una riduzione delle spese, oppure la totale gratuità. Così p. es., nel tribunale di Milano, sulle 185 cause terminate nel 1974, 57 hanno ottenuto la riduzione delle spese, e 19 la gratuità completa.

3. *Matrimoni infelici, nullità, divorzio*

Un matrimonio infelice va giustamente considerato come una fra le tribolazioni più dolorose che possono affliggere un essere umano. Ciò nonostante il matrimonio infelice non è necessariamente un matrimonio nullo. Come nemmeno la prole infelice nasce necessariamente priva di vita. Dinanzi al dramma di un matrimonio infelice, la Chiesa, i Vescovi, i giudici, scrutano con diligenza tutte le circostanze che eventualmente avrebbero potuto renderlo nullo; ma se questo accurato esame non ne dimostra la nullità, la Chiesa rispetta la validità incontestata di questo matrimonio infelice, come i genitori rispettano quel soffio di vita che ha il neonato deforme.

Di conseguenza, la proposta di abolire i tribunali ecclesiastici, perchè non possono dichiarare nullo ogni matrimonio infelice, e di sostituirli con altri organismi che ci riescano, non si ispira certamente a una compassione illuminata dalla fede, poichè introdurrebbe nella Chiesa il divorzio. Né si deve dimenticare che i coniugi di un matrimonio valido ma infelice possono trovare un efficacissimo aiuto e conforto per la loro dolorosa situazione nella preghiera, nella frequenza dei sacramenti, nell'esercizio di opere di carità a favore di altri sofferenti.

La « manipolazione » dei capi di nullità allo scopo di trovare sempre una via di uscita ai casi infelici, è anche un larvato divorzio, e tutt'altro che compassione evangelica, come è stato accennato acutamente dal Dwyer nelle brevi parole con cui ha dedicato al Battista un suo libro sulle cause matrimoniali. Ecco il tenore della dedica: « A San Giovanni Battista il quale disse a Erode: ' Non ti è lecito tenere la moglie di tuo fratello ', invece di cercare di trovare una via d'uscita per Erodiade »[8].

II. LA DISPENSA DEL MATRIMONIO

1. *Il potere del Papa sul matrimonio non consumato dei cristiani*

Come abbiamo accennato all'inizio di queste pagine, il Sommo Pontefice ha potere per sciogliere il vincolo del matrimonio, purchè questo non sia stato consumato canonicamente, cioè, l'uomo non abbia penetrato e seminato dentro la vagina, neppure parzialmente.

L'esercizio di questo potere del Papa sul matrimonio canonico non consumato risale oltre al quattrocento: quando un coniuge, prima della consumazione, abbracciava la vita religiosa, l'altro era libero di celebrare nuove nozze. Più tardi questa dispensa si fece esplicita e veniva concessa anche se nessuno dei coniugi faceva la professione religiosa.

La maggioranza dei Dottori configura la natura di questo potere come una « potestà vicaria », analoga, ad es., alla potestà

---

[8] A. I. Dwyer, *Le cause matrimoniali*, 1ª ed. italiana, Roma 1973. L'autore fu Presidente del Tribunale ecclesiastico della diocesi di S. Louis in U.S.A. Allude al caso di Erodiade, sposata con Erode Filippo, che però viveva in adulterio incestuoso col cognato Erode Antipa, fratello di Filippo. S. Giovanni Battista ripeteva a Erode Antipa che non gli era lecito avere la moglie del fratello. Erodiade, come è ben noto, approfittò di una buona occasione per ottenere da Erode A. la testa di S. Giovanni Battista. Il fatto storico lo racconta S. Matteo nel cap. 14 del suo Vangelo.

di perdonare i peccati. La dispensa da una legge divina, come il perdono di una offesa fatta a Dio, la può dare soltanto Dio stesso o colui a cui Egli ha dato potestà di dispensare o perdonare *in nome suo,* cioè, « una potestà vicaria ».

Aggiungiamo che questa potestà vicaria sul matrimonio inconsumato, che la Chiesa, fondata sulla rivelazione, riconosce come prerogativa del Papa, non è in contraddizione con il divieto assoluto di Cristo: « non separi l'uomo quel che Dio ha unito », poichè questo divieto ha come oggetto soltanto il matrimonio cristiano consumato.

2. *Condizioni per l'esercizio del suddetto potere*

Il Papa, per esercitare la sua potestà vicaria di dispensare dal matrimonio inconsumato, deve agire come qualsiasi altro che dispensa dalla legge data da un superiore, cioè, deve osservare tutte le condizioni che la stessa natura delle cose richiede in questi casi.

Anzitutto deve assicurarsi che esista l'oggetto della dispensa, cioè, che il matrimonio è rimasto veramente inconsumato. Poi occorre che ci sia una causa grave per concedere la dispensa. Deve esserci anche assenza di scandalo. Finalmente è necessario che la dispensa sia chiesta da uno dei coniugi, anche se l'altro è contrario. E' giusto però rilevare che fra queste quattro condizioni, soltanto le due prime sono certamente richieste per il valore della dispensa.

Avuto conto della grave responsabilità che comporta la dispensa, si comprende come il Sommo Pontefice non la conceda se prima non è stata accertata la esistenza delle condizioni richieste, tramite il dovuto processo.

L'organo a cui gli ultimi Sommi Pontefici hanno affidato la esecuzione di questo processo è la Sacra Congregazione dei Sacramenti, che, a sua volta, ha autorizzato recentemente tutti i Vescovi perchè possano compiere la parte istruttoria nella propria diocesi, riservando a se stessa l'esame degli atti e il giudizio del caso.

3. *L'istruttoria del processo*

Il coniuge che vuol ottenere dal Romano Pontefice la dispensa del suo matrimonio, deve rivolgersi al Vescovo del suo luogo di dimora oppure a quello della diocesi in cui celebrò il matrimonio. Il Vescovo, ricevuta la domanda, deve tentare la riconciliazione dei coniugi; se questa però si rivela impossibile, designa un sacerdote affinchè faccia l'istruttoria.

a. *La prova dell'inconsumazione*. E' il cardine dell'istruttoria. La si può ottenere anzitutto mediante l'ispezione fisica della donna (oppure del marito o di ambedue, a seconda dei casi), fatta da due medici veramente esperti (arg. *fisico*).

Se una simile ispezione fosse inutile, ad es., perchè la donna è sposata in seconde nozze, è sufficiente la deposizione giurata di ambedue i coniugi, purchè siano credibili e la loro dichiarazione venga confermata dalla testimonianza di persone degne di fede, che vennero a conoscenza dell'inconsumazione quando i coniugi ancora non pensavano di chiedere la dispensa, o da altri argomenti (arg. *morale*).

Finalmente, si può avere anche una prova valida dell'inconsumazione se si dimostra che i coniugi non hanno avuto nè luogo, nè tempo, nè facilità per consumare il matrimonio. Si pensi a un matrimonio celebrato per procura, perchè lui si trova all'estero; prima però che lo raggiunga la moglie, intervengono cause gravi per le quali lui o lei non trova altra soluzione che chiedere la dispensa (arg. « *per coarctata tempora* »).

I motivi che stanno alla base dell'inconsumazione, oltre l'impotenza organica o funzionale, possono essere diversi, e si riducono in ultima istanza alla mancanza di vero consenso matrimoniale, che prossimamente però si possono configurare come casi di simulazione del consenso, o di matrimonio contratto per forza o timore grave. Una categoria indipendente costituisce l'avversione straordinaria fra gli sposi, scattata proprio all'inizio del matrimonio.

Tutti questi motivi, tranne l'ultimo, sono anche « capi di nullità » e come tali potrebbero dare inizio a un processo per dichiarare che il matrimonio fu nullo. E così avviene molto spesso; ma alle volte non si riesce a provare la nullità, mentre invece emerge chiaro il fatto della non consumazione; allora si ripiega su di esa. Anzi, siccome il processo per la dispensa è più facile e più rapido, spesso si preferisce in partenza questa via piuttosto che quella della nullità.

b. *Esistenza della causa e assenza di scandalo*. La *causa grave* per concedere la dispensa difficilmente manca, poichè coincide o è vicinissima al motivo che ha dato luogo all'inconsumazione. La giurisprudenza rotale e i canonisti elencano: l'impossibilità della riconciliazione fra i coniugi, il desiderio della parte oratrice di contrarre un nuovo matrimonio, il pericolo di incontinenza, ecc.

Oggi non è facile che la concessione della dispensa produca scandalo; al massimo desterà una certa meraviglia in località dove non è ancora conosciuta la facoltà pontificia di dare la dispensa. Ma in questi casi una spiegazione opportuna potrà sciogliere ogni difficoltà.

Se però si prevede che ci sarà un vero scandalo, allora la dispensa non è concessa. Caso tipico è il matrimonio inconsumato dal quale è nata prole per assorbimento di seme, e questa vive ancora o c'è memoria di essa tra il popolo al tempo in cui verrebbe concessa la dispensa.

c. *La chiusura dell'istruttoria* avviene non appena sono state raccolte le prove riguardanti le tre questioni su accennate. Allora il Vescovo invia alla S. Congregazione tutti gli atti, insieme con le osservazioni del difensore del vincolo e il proprio parere sul caso.

La durata dell'istruttoria è molto irregolare, a seconda della prova che viene adoperata per accertare l'inconsumazione e delle circostanze peculiari di ogni caso. Similmente accade per le spese.

4. *Decisione e dispensa*

La Sacra Congregazione ha un corpo di sacerdoti specializzati, divisi in commissioni di tre membri, alle quali viene affidato lo studio dei casi che da tutto il mondo arrivano alla S. Congregazione con una media mensile di 120 circa.

Il Cardinale Prefetto, udito il parere motivato della Commissione, decide sul caso. Se ritiene che la dispensa non può essere concessa o che occorrono ulteriori informazioni, avvisa il Vescovo; se invece, come di solito accade, gli consta che si sono verificate le condizioni richieste, consiglia rispettosamente al Sommo Pontefice di concedere la grazia.

Nel momento in cui il Papa dà la dispensa, viene sciolto il vincolo del matrimonio, e gli antichi coniugi possono contrarre nuove nozze appena giunge loro, tramite il Vescovo, la notizia della concessione [9].

Le dispense che il Papa concede ogni anno sono più di mille. Il tempo che occorre per espletare ogni pratica nella Sacra Congregazione oscilla fra due o cinque mesi. Le spese sono minime.

* * *

Le pagine che precedono hanno potuto illustrare al lettore lo scopo e lo svolgimento dei processi matrimoniali, la loro tecnica e serietà. Vogliamo chiudere il nostro esposto accennando allo spirito con cui la Chiesa porta avanti questo lavoro nascosto, faticoso, spesso mal interpretato.

---

[9] Quando l'inconsumazione fu dovuta a impotenza, si aggiunge una clausola simile a quelle accennate sopra, nella nota 7.

Anzitutto la Chiesa intende soddisfare un grave dovere di giustizia. Quando un matrimonio è stato celebrato invalidamente, i contraenti non diventarono coniugi, e quindi hanno diritto a vedere riconosciuta, dopo i dovuti accertamenti la nullità del loro matrimonio. Analogamente, se il matrimonio fu valido, ma non è stato consumato, e uno, oppure i due coniugi, per gravi ragioni, chiedono la grazia della dispensa, il Papa — a meno che ravvisi gravissimi inconvenienti — si sente nel dovere di far uso di una facoltà che Iddio gli ha concesso a beneficio dei suddetti coniugi.

Ma questi interventi della Chiesa son dettati, oltre che da senso di giustizia, anche da profonda carità cristiana. La Chiesa sa che i casi matrimoniali deferiti alla sua autorità non sono semplicemente un problema di diritto canonico, ma anzitutto un doloroso dramma umano, al quale forse sta in grado di dare la vera e unica soluzione.

Si è detto giustamente che i matrimoni falliti o infelici spesso portano alla radice, insieme alla causa del loro fallimento, anche quella della loro invalidità. Forse nemmeno gli interessati vi pensano. Vi pensa la Chiesa, che, da vera madre, incoraggia lo studio a livello canonico e pastorale delle leggi sul matrimonio e sui processi matrimoniali, nella speranza di poter ridare la pace e la felicità cristiana a non pochi coniugi che hanno visto con strazio crollare il loro matrimonio.

INDICE

	PAG.
Prefazione	5
PIERRE ADNÈS, *Matrimonio e mistero trinitario*	7
SALVATORE GAROFALO, *Amore e matrimonio nella Bibbia*	27
JEAN BEYER, *Il mistero dell'amore e l'indissolubilità del matrimonio cristiano*	41
URBANO NAVARRETE, *Matrimonio cristiano e sacramento*	53
WILHELM BERTRAMS, *La dedizione integra, propria del matrimonio, e il divorzio*	77
OLÍS ROBLEDA, *Il presupposto della indissolubilità del matrimonio*	87
GEORGES CRUCHON, *Psicologia dinamica e validità dell'impegno matrimoniale*	103
CHARLES LEFEBVRE, *La cessazione dell'amore durante il matrimonio, costituisce una prova della nullità di un matrimonio secondo la giurisprudenza rotale?*	121
IGNACIO GORDON, *Dichiarazione di nullità e dispensa del matrimonio*	133

RIPRODUZIONE ANASTATICA - TIP. P. U. G. - ROMA